·古田文史资料第三十辑·

中国历史文化名村

福建前洋

◎ 刘振茂 主编

中国人民政治协商会议古田县委员会 编

海峡出版发行集团
海峡文艺出版社

图书在版编目(CIP)数据

中国历史文化名村.福建前洋/刘振茂主编.—福州:海峡文艺出版社,2021.11
ISBN 978-7-5550-2760-7

Ⅰ.①中… Ⅱ.①刘… Ⅲ.①乡村－概况－古田县 Ⅳ.①K928.5

中国版本图书馆 CIP 数据核字(2021)第 225674 号

中国历史文化名村·福建前洋

刘振茂　主编

责任编辑	刘徐霖
出版发行	海峡文艺出版社
经　　销	福建新华发行(集团)有限责任公司
社　　址	福州市东水路 76 号 14 层　　邮编　350001
发 行 部	0591—87536797
印　　刷	福州力人彩印有限公司　　邮编　350012
厂　　址	福州市晋安区新店镇健康村西庄 580 号 9 栋
开　　本	787 毫米×1092 毫米　1/16
字　　数	200 千字
印　　张	17.5
版　　次	2021 年 11 月第 1 版
印　　次	2021 年 11 月第 1 次印刷
书　　号	ISBN 978-7-5550-2760-7
定　　价	100.00 元

如发现印装质量问题,请寄承印厂调换

序

◎ 陆开锦

　　古田是闽东建县最早的县份之一，有着一千多年的历史，积淀有深厚的传统文化。20世纪50年代末和90年代初，古田人民为了支援国家水电建设，先后淹没了一座古县城和两座古镇，给后人留下了挥之不去的乡愁记忆。当然，这是古田的损失，也是古田的光荣。而近年来随着城市化进程的加快，一些具有厚重历史文化传统的村落，也出现了人减、地荒、屋破的状况，其情其景，实在令人深感忧虑！

　　不过，也有另外一些情况，让人稍感宽慰。那就是，现在从上到下，大家对传统村落的保护是越来越重视了。就古田而言，其中就有被列入中国历史文化名镇保护的杉洋镇，被列入中国历史文化名村保护的卓洋乡前洋村、城东街道桃溪村和吉巷乡长洋村，还有24个村被列入中国传统村落名单。此外，还有不少村落虽然没有列入保护名单，但其山水风光、人文景致、建筑风貌以及姓氏文脉、祖训家风、民间故事、风味特产、耕读文化等等，都各显特色和优势，也受到了越来越多的人的关注，比如我的家乡凤都镇石坑村。

　　早在2002年，时任福建省省长的习近平同志，在为

《福州古厝》一书撰写的序言中就指出:"保护好古建筑、保护好文物就是保存历史,保存城市的文脉,保护历史文化名城无形的优良传统。"总书记的这个重要论述,对传统村镇和历史文化名村来说,何尝不是如此呢?2017年初,中央在《关于实施中华优秀传统文化传承工程的意见》中,对历史文化名镇名村、历史文化街区、名人故居保护和城市特色风貌管理等,制定了具体的举措和政策。

古田县政协认真落实总书记的指示和中央的意见,积极参与对中国历史文化名镇名村的资料挖掘。他们先从杉洋古镇开始,花了约两年时间,编成了《杉洋讲古·古迹篇》和《杉洋讲古·人物民俗篇》,全面反映了这一千年古镇厚重的历史风貌,取得良好的宣传效果。加之此前,我的古田一中语文老师、县政协原副主席李扬强等人多年的努力(杉洋古称蓝田,李老师著有《蓝田古文化》《蓝田引月》等著作)。由此,杉洋古镇得到了越来越多专家学者的青睐,被中国民间文艺家协会列入"中国民间文化遗产抢救工程"中的《中国历史文化名城名镇名村丛书》的编写计划。由福建省民间文艺家协会组织编写的《中国历史文化名镇·福建杉洋》一书,即将由知识产权出版社出版发行。

在此基础上,古田县政协又把目光瞄准了卓洋乡前洋村,把该村历史文化的挖掘整理列入2021年的工作计划。单独为一个村"树碑立传",这在古田县政协历史上还是第一次。

前洋村兴于宋，盛于明清，其风貌被誉为"五朝齐列一村落，一眼望穿千百年"。村庄坐落在一个群山环抱的山坳中，呈东南走向，先民从地势较高的地方开基，而后向地势平缓处拓展。目前村中保存比较完好的古民居有70多座，其中西北较高处多为明代古屋，中间腹地布满清代建筑，东南地势较低处多为民国时期的房屋。村庄古厝配以古祠堂、古炮楼、古街巷、古官道、古桥、古井、古木……，与周边美丽的田园与森林融为一体，有如一幅古典山水画。除了厚重的历史人文和浓郁的风土人情，前洋还具有深厚的红色文化，是福建省重要的革命老区基点村。在革命战争年代，曾涌现出参加"澄洋暴动"的余三江等，村民被评为革命烈士的就有7人。这几年，前洋村在美丽乡村建设和乡村振兴战略的实施中也走在全县前列。

前洋村是省政协领导的挂点村，崔玉英主席在调研时，对村庄的发展提出了要求，并寄予厚望。由古田县政协编写的这本全面反映和推介前洋古村的文本——《中国历史文化名村·福建前洋》，我认为其出版发行具有重要的价值。一方面，它可以启迪更多的人认识到，古村落是中华文明的重要载体，也是传统文化的重要根脉；也启迪前洋村自身，在向前奔跑的同时，不要忘记了过去的脚步，在古村落的保护与开发中要起带头引领的作用，把祖宗留下来的宝贵遗产保护好、修缮好、改造好，让它焕发出新的生机和活力。另方面，这本书也可以为新时代的乡村振兴战略起到有力的宣传和促进作用，让更多的人认识前洋、关注前洋、支持前洋。我们尤其要让更多新一代的群体认识到，农村同样是一个广阔的天地，在那里一样可以大有作为。鼓励村民守望家园，热爱家乡，致力家乡建设；激励在外的乡亲不忘故土，反哺家乡，回乡创业；同时也吸引外地企业家到前洋来，开发新产业、发展新业态，努力把前洋打造成为乡村振兴的样板。

我们希望并且相信，前洋的明天一定会更美好，中国的传统乡村一定会在新时代展现出更加迷人的风采。谨此为序，以示祝贺！

（本文作者为福建省政协秘书长）

目录

五朝流韵

话说前洋 …………………………………………… 3
前洋李氏源流 ……………………………………… 8
前洋余氏源流考 …………………………………… 12
前洋魏氏源流 ……………………………………… 15
李氏宗祠 …………………………………………… 17
余魏祠堂 …………………………………………… 19
忠孝为先　仁义为本 ……………………………… 22
　　——前洋李氏祖训家风 ……………………… 22
家风崇道义　祖训垂仁智 ………………………… 26
　　——前洋余氏家风 …………………………… 26
魏氏家风 …………………………………………… 32
"兴前洋，败院隆" ………………………………… 35
前洋前传 …………………………………………… 40

名胜古迹

前洋村古民居群概述 ……………………………… 45
宋园遗址 …………………………………………… 55
前洋余氏祖厝 ……………………………………… 57

前洋元建李氏祖厝	61
余文龙故居	67
魏家祖厝	71
一座值得怀念的古厝	74
前洋"余家大院"	77
余三江旧居	84
余作铭烈士旧居	87
文魁人家	91
举人厝	96
古街巷和古炮楼	99
前洋私塾	105
讲书堂	110
前洋旧教堂	113
白马王庙	115
金狮公殿	117
前洋古井	119
石拱桥	123
玄武桥	125
被遗弃的节孝坊	127
旧瓷厂	129
古驿道边古客栈	131
跑马场	135
前洋村的"美池"	138
姐妹溪	141
连理杉	143
乌石姆	145
蛤蟆山	147
雷击树	148
石龟故事三则	151
金狮公的故事	154

老鹁和老鹁石 · 156

人物文采

"飞瓦水上漂"李则天 · 161
"平乱将军"李应科 · 163
千载古村出文龙 · 165
余家才女双玉 · 173
名噪京都余廷珪 · 176
一举成名余瑞镛 · 178
抚孤成才的林雪姑 · 182
为教育奉献一生的侨贤余泽春 · · · · · · · · · · · · · · · · · · 184
吴恒宝 · 186
　　——"党外唯一的布尔什维克" · · · · · · · · · · · · · · · · · 186
才华横溢的余峥 · 191
余孔浦文选 · 194
余文龙诗选 · 197
余文龙文选 · 200
余珍玉诗选 · 202
余尊玉诗选 · 203
余廷珪文选 · 205
余守拙文选 · 207
余祖柳诗选 · 208
前洋楹联选 · 211

红色记忆

革命烽火 · 217
革命先辈 · 227

美文集锦

五朝风流话前洋 …………………………………… 239
前洋赋 ………………………………………………… 248
斜阳脉脉映古巷 …………………………………… 250
守望一座古村 ……………………………………… 255
金光笼罩的前洋 …………………………………… 260
寻味前洋 品一壶岁月酿就的老酒 ……………… 264
前洋芋头面 ………………………………………… 266

中国历史文化名村·福建前洋

五朝流韵

话说前洋

前洋村，位于福建省古田县卓洋乡北部，全村现有两百余户，人口千余。因兴村历史悠久、人文厚重、历代古民居和生态保护完好而入选"中国传统村落""中国历史文化名村""国家级森林乡村"。近年来，吸引了众多游客前来一睹"五朝齐列一村落，一眼望穿千百年"的风貌。

古宁公路拐弯处的牌楼和巨型石刻告诉我们，进了牌楼，就是前洋村的地界了。中央电视台的《地理·中国》节目对前洋曾有过专题报道，名为《奇山异景·避水古村》。这奇山异景四字，特别令人神往。

(阮以敏 摄)

站在牌楼前远望，第一眼就能看到前洋村北面的靠山。车子进入牌楼，由于村道十分宽阔，路两边的山峦和田园层层排闼送青，一闪而过。车子转过一道山口，顿觉豁然开朗，前洋村落就在眼前。

前洋村坐落在群山环抱之中，坐西北朝东南，房屋连排，田畴连片。站在村口，放眼西北，村后的远山高峻峭拔，东门山、坪隘、窝中、马仙岗连绵起伏。这片大山是鹫峰山的余脉，俗称前洋后门山，也就是前洋村的靠山，犹如耸立的绿色屏障。山头松杉青翠，山腰茂竹成林。山脚向东南延伸，渐趋平缓，形成较广阔的洋面。村庄的周边仍有洋坪岥、胡山岗、灵蛇山、虎山岗围绕。村的南面一山如案，特别苍翠，故而美其名为金牌山。洋面上还有五座小山点缀其间，形如鱼脊，形象地称为五鲤游洋中。

前洋村落的古民居群就建在洋中，东南走向。先民从地势较高的地方开基，而后向地势平缓处拓展。西北较高处多为明代古屋，中间腹地布满清代建筑，东南地势较低处多为民国时期的房

前洋村入村路口门楼（陆开松 摄）

屋，层次分明。

一泓泉水从西北高山涌出，渐汇渐大，聚入山腰的一片沼泽地，形成天然的蓄水池，由此迭级而下，水流渐缓，悠悠然穿村而过，冬不枯，夏不盈，溪水清澈，游鱼可数。因山上有金狮公庙，称它为金狮公溪，后又美称为金水溪。另有一条自西南而来的佛殿溪，与金水溪汇合于村东南后东流而去。双溪犹如双龙聚会，自然是前洋村的风水命脉。溪两岸真如陶渊明的《桃花源记》所云：土地平旷，屋舍俨然，良田美池，阡陌交通，花木夹岸，鸡犬相闻。

村庄的周遭山峦如黛，诸多景点散布其中。如西北高坡上山石嶙峋，其中一巨石形如老鹞，是前洋村的风水石；连同山下虬根如金猴下山的雷击古树，以及村尾金水溪边似蹲似伏的名曰九龟把口的巨石等，都是游览的好去处。

前洋村落最引人之处当然是70多座元明清和民国时期的古厝。那连排的古屋，鳞次栉比，错落有致，由古街古巷所贯通。古屋从外观看，清一色的灰墙黛瓦，造型精美的虾蛄型马头墙飞檐翘角，彰显大户人家气派，特别受人青睐。那五座炮楼点缀在古民居群中，也特别显眼。至于多座古厝的门楼门罩的精美、内部的雕梁画栋以及文化内涵，各具特色，各呈风采，毋庸赘笔，游人细细观瞻，自能领略。

我们游览古村，值得庆幸的是，在加速美丽乡村建设的大进程中，许多古村落的大街小巷的青石古道都被抹上厚厚的水泥，淹没了多少历史的足迹。唯独前洋村，所有用青石板和河卵石铺成的街巷村道，依然古色古香地串联着家家户户，也串联着村中的风水池、石拱桥、宋园遗址、古井、古树、古官道，乃至村外的古寺庙等。千百年来，一代又一代的前洋人用脚板磨得精光、印记着历史沧桑的铺路石，将给游人留下多少浓郁的乡愁滋味！

若以"小桥流水人家"来形容前洋，却嫌单薄；若以"世外桃源"赞美前洋，略欠浑厚。中央电视台《地理·中国》称它"奇山异景"，是说它一场洪灾过后，这里安然无恙。传说是前洋先人得风水大师传授，善于相土卜地，找到了这么一个风水宝地旺族兴村。但这更是前洋先人的智慧和勤劳的结晶，让后人在这里独享安宁。

诚然，每当狂风暴雨过后，这里的田园山岭更加青翠；灰墙黛瓦更加亮丽，古道河渠更加洁净。每当云雾向后门山升腾而去，前洋村犹如养在深闺里的倾城，撩起一层面纱，在窥视着熙来攘往的游踪；而络绎不绝的客人，也更想着多看她几眼。

对于众多游客，面对奇山异景，用手机移步换景，随处抓拍，到头来叹息一声，手机没电了！而对于摄影爱好者们，手捧相机

前洋航拍图

前洋村一角

却不知从何下手。他们要选择最佳视点、最美时光,从第一缕晨光待到最后一抹霞光在桑榆上消失,好把前洋的最美展示给人们。

前洋,进了村,流连忘返;出了村,还想再来。

(江山)

前洋李氏源流

元末明初，古田杉洋李氏始祖李诲第二十七世孙李茂山、李茂显兄弟携族人辗转从闽北浦城迁入古田前洋肇基。其时前洋已有人居住，主要居民姓曾，李氏落堂后，受赠了曾家财产，开始披荆创业，繁衍生息，而后曾姓外迁，淡出前洋村历史舞台。

前洋李氏认杉洋李氏始祖唐状元李诲为入古始祖，认李诲第九世孙李恢为杉洋"路头房"祖，认杉洋李氏"康房"李绸为支祖，认李茂山为"前洋房"肇基始祖。

《陇西李氏前洋房谱系》载："我李氏郡出陇西""始祖诲公为开成二年状元及第，官福建观察使，乃太祖景皇帝季子郑孝王之七世孙"。李诲第六代孙李康伯于北宋庆历六年（1046）在杉洋下院的碑文《李氏祠堂记》中亦记述："吾远祖乃唐宗室之裔，遭兵火乱，离流落闽中，遂卜居杉洋，编入民籍。"

李诲是唐宗室后裔，为唐太祖李虎第八世孙，为郑孝王李亮七世

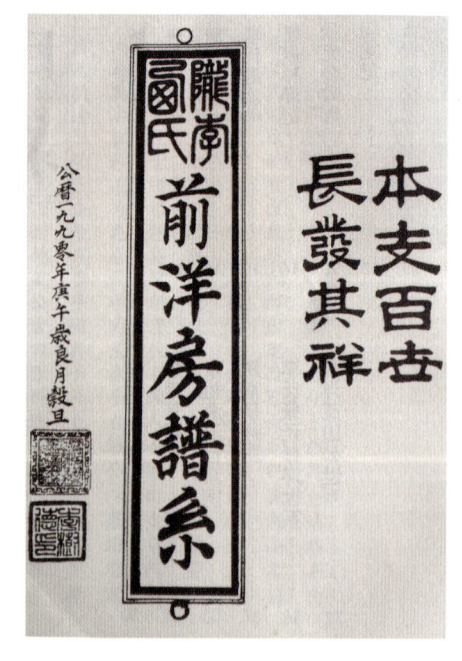

杉洋李氏祖祠

孙，郑孝王李亮为唐高祖李渊胞叔。837年，李诲状元及第，于唐广明元年（880）授封福建观察使。唐僖宗广明元年（880），因黄巢反唐攻陷长安，杀戮宗室，李诲携家眷投奔在浙江明州（现宁波）任刺史的三兄李谓，迁居浙江处州龙泉桥下村。中和元年（881），因浙省寇发，李诲和兄李话又携家眷返闽，一路寻至古田杉洋，嘉其山川秀丽，里野宁静，在杉洋溪东宿林墩地方开基落堂，遂成望族。

据《陇西李氏前洋房谱系》之《新修谱序》载："杉洋李氏始祖李诲传至第七世李蕤，为古田县开科进士，官礼部太常寺丞。李蕤长孙，第九世李恢，为乾尾彭塆门头房（亦称路头房）祖。恢公之孙，第十一世李昂，生五子，分四房，其中李绸为康房支祖。康房传至二十二世，李春于杉洋前山迁居闽北浦城上楼村。历传五世，至二十七世李茂山，同弟李茂显复自上楼择迁古田县前洋居住。"前洋李氏"特奉茂山公为前洋（李氏）开创之房主也"。

刚落堂的前洋李茂山一族家风淳朴，尤以忠义著称。李氏与宋代就迁居前洋的曾氏家族关系十分融洽，据说李家人还曾救过曾家人的命。据传，洪武末年，曾氏因受"蓝玉案"遗留问题的牵连，需举族外迁避难，于是曾家把所拥有的前洋一切山林、田园和屋舍全都赠送给了李家，只要求李家帮助他们暗中管理、祭扫曾氏在村附近铁土洋寨垄的6座先人坟墓。

前洋李氏接管了曾氏族产后，并不满足于现状，而是更加励精图治，大力创建宗族产业，他们开拓田园、山林，置办牛场、曲埕，修建华屋、祠堂，建造炮楼、池井，兴修路桥、宫庙。不久，便财力雄强，闻名大东，盛极一时。李氏富足后，便把办学兴教，教育子孙作为长远发展的首要任务，他们斥资建书塾，延师教授，且兼重文武。数十年后，族中人才便不断涌现出来，如"平乱将军"李应科及其弟李应贵，"飞瓦侠""武魁"李则天，"平民状师"李则卿等。

长期以来，前洋李氏秉承入古始祖李海所创立的家训，忠义孝悌，耕读传家，承一脉淳朴家风。

杉洋《李氏总谱》记载了李氏家训的二十纲："敬祖宗，敦孝悌，睦宗族，端伦常，友昆仲，和夫妇，教子孙，尚勤俭，恤孤寡，戒唆讼，安生理，勿非为，忌毒染，慎嫁娶，勉诵读，重交游，谨丧祭，远酗酒，出异教，省自身。"各纲内容都详尽叙述为人处世的原则要义。前洋李氏族谱（始修于清道光八年（1848），重修于1990年）则载："秉忠重义、敦族睦邻""人皆朴厚，户习勤勉，其风淳俗美"。可谓承前启后，克绍箕裘。

"柱史著家声，褒德封侯百代功勋垂不朽；天潢绵长泽，积经启后千秋诗礼羡相承。"这是古田大东李氏宗祠的对联，彰显了宗族的隆盛和文脉的传承。不错，前洋村绿水青山，钟灵毓秀，李氏自肇基以来,家族兴盛,文风蔚然,贤彦辈出,文武并举。

李氏现有在村人口600多人,在外人口千余人,已传至42世,可谓瓜瓞连绵。在优良族风的涵养下,数百年来前洋李氏英才辈出,既出有廉明奉公、一心为民的文官,也出有护国安邦、御敌平乱的武将,还出有爱国爱乡、好义乐善的乡绅名贤。据不完全统计,仅在村的房头就出有李则卿等文魁2人,李应科、李应贵、李则天等武魁4人,武将2人,朝廷命官7人,现当代出有博士10余人,本科生80多人,厅级干部2人,处级干部6人(含军职)。

(吴谨)

前洋余氏源流考

余家与夏分姓（一说得姓始祖为秦由余）。后有本出泗洲下邳郡余氏后代于唐玄宗朝任建州建阳令，遂安家建阳。

唐天宝间，其后裔焕公至古田三十五都杉洋溪东开基。焕公宗支繁衍绵绵，子孙遍布省内外。其一支脉十数传至鹏公，迁古田芝山拓基。芝山鹏公又数传至陈公，生四子：源、海、河、深，立四房，为仁、义、礼、智。陈公四子深公，拓基前洋，即前洋余氏始祖，智房亦即余氏前洋房。

前洋余氏拓基祖深公，字孔潇，为杉洋焕公后裔，第二十一世祖，生于明永乐七年（乙丑），于宣德年间，携妻儿到前洋开基。时年二十七岁。明成化元年，主持编修芝山余氏族谱，并撰写《蒸尝草叙》，时年五十七岁。因德高望重，被举乡饮耆宾。深公生三子：曰琪、曰玱、曰瑶，派分前洋、苏洋、泮洋、古田县城等地。瑶公字德纯，明正德间廪生，入太学，任蕲水县丞，生七子：曰銮、曰镐，字希周，生员，合浦主簿，曰钥、曰铣、曰锡、曰铠，字希润，庠生，例赠修职郎，授冠带缤，七子曰钱。铠公生三子：曰垣，字廷翌，增广生，以子贵授衡阳知县，敕授文林郎，诰赠中宪大夫。次子曰最，三子曰输，字廷良，廪生，奉诏恩例儒官。垣公生三子：曰文英、廪生，敕授将仕郎，以吏

芝山余氏宗祠

员任湖广襄阳县主簿。次曰文龙，字起潜，万历辛丑科进士，赣州知府，授中宪大夫。三曰文荣，廪生，授礼部儒士，国子监学正。文英公生三子：长曰兆元，字伯启，武廪生，授武信郎，南京忠显校尉。现其后裔居古田城关。次曰兆京，字伯极，廪生。三曰兆衡，庠生，字伯构。兆京公生子冯公，廪生。冯公生子先达公，字徵久。先达公生二子：长曰登相，字尧臣，次曰登辅。登相公生三子：长曰大谟，现其后裔居古田城关。次曰大讲，字德文，庠生，乡荐宾筵。三曰大训。登辅公生五子：曰大计、曰大谋、曰大昭、曰大诚、曰大治，此五房后裔为现前洋前厝房。大讲公生二子：曰国湖，太学生；曰国琏，廪生，例赠修职郎。此二房后裔系今前洋八主房。大训公生六子：曰国柱，职员。曰国栋，传至祖字辈无嗣。曰国楫，职员。曰国椿。曰国材，无嗣。曰国槐，职员。此六房后裔系前洋后门厝房。

八主房，后门厝房，前厝房，瓜瓞绵延，繁荣于康乾盛世。

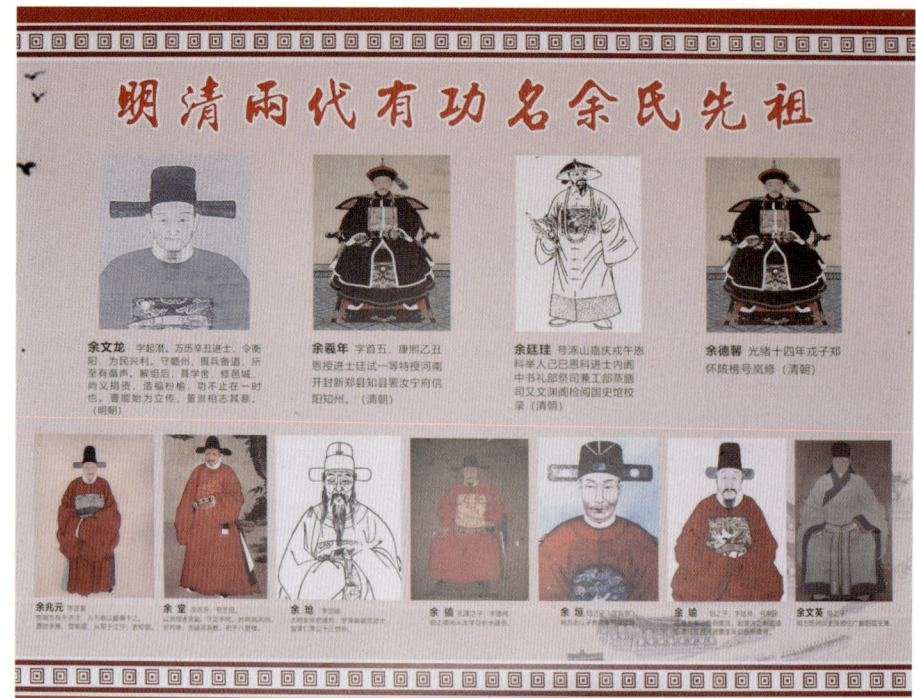

（阮以敏 摄）

乾嘉间建余氏宗祠，嘉庆十四年重修白马王寺。

芝山仁义礼智四房子孙，曼衍于大明成化十八年。弘治间，智房琪、玲、瑶携同其他三房共计十一位公，建立宗祠在三十五都芝山境，坐乾向巽兼亥巳三分。飞凤落洋形。是堂兴工于弘治十二年三月，落成于十四年七月。

旧行第名歌为：元亨利贞，文章华国，诗礼传家。元字行第系二十六代。

为余氏统一行第，于清嘉庆甲戌年重修总谱时，由三十二世祖，智房后裔赐进士延珪公拟行第名歌：祖泽养深根，红杏碧桃记取先人树本；孙枝徵接叶，南桥北梓长留后嗣薪传。共计三十字。后因歌名中深字犯深公讳，且至根字以后，字面多宜女名，故更正为二十四字：祖泽养新根，延祚孔长宏世德；孙枝承远荫，贻谋式穀绍鸿基。现前洋应传至杏或祚辈。自国字辈后，前洋余氏族大蕃昌，分支繁衍，冠裳簪笏者难为详尽，仅作考略。

（余新达）

前洋魏氏源流

魏氏，源自姬姓，黄帝姬姓之嫡裔。周文王第十五子姬高，商末随兄周武王姬发兴师伐纣，因战功显赫，治国有方，被尊为周初"四圣之一"。被武王封于毕（今陕西西安、咸阳之间），因爵位为公，史称毕公高。其后裔以封邑为氏，称为魏氏。

前445年毕万裔孙魏斯建立魏国，励精图治，成为战国七雄之一。毕万被后裔尊称为魏氏始祖，史称魏氏正宗。

魏氏主要郡望钜鹿郡、任城郡，主要堂号钜鹿堂、九合堂。

唐魏徵（580—643），字玄成，巨鹿郡下曲阳县（今河北省晋州市）人，是杰出政治家、思想家、文学家和史学家，唐太宗封魏徵为"钜鹿郡公"。留有《魏郑公文集》及《魏郑公诗集》。

唐昭宗龙纪元年（889），魏徵10世魏看因避黄巢之乱，带领4子魏先、魏良、魏弼、魏辅及亲房兄弟十几房，由润州（今江苏省镇江市润州区）上元县小郊村入闽。初居建州（今建瓯）瀛州，唐天佑元年（904），迁至玉融（今福清市）清远里，继迁罂山立宅。长子魏先随父而居，次子魏良分居福清化北里三山楼下，三子魏弼分居漳浦，四子魏辅及后裔居上四府（今闽北一带）。魏看及十几房亲房兄弟的后裔，至今衍成上百支系，分布福建各地，也有一部分迁居中国台湾、越南、日本等地。

前洋村魏氏尊上府（今建瓯）东游镇甲藤湾村（今甲坑村）魏盛全为本村始祖，长子魏龙春之子魏应讳为入村祖先，明末驻村，至今已传十五世。清末十一世魏兴俭一支先至马来西亚，后转泰国定居创业。

前洋魏氏子孙赓续祖风，"朴者安谨愿而耕凿，秀者敦诗书而尚礼仪"。勤于耕读，现代考取大学者众多。魏赠应、魏传烁祖孙两代均考取清华学府，传为佳话。现有副科级以上11人，高级职称3人。其余从事科教文卫者、经商贸易者、手艺工匠者不一而足，均于国家社稷多有贡献。

（魏庆晖）

魏氏祖厝（阮以敏 摄）

李氏宗祠

李氏宗祠坐落在前洋后门山下,位于前洋村团结路8号。为奉祀李氏第二十七世祖茂山公而修建,它作为前洋村李氏悠久历史和文化的象征与标志,具有较大的影响力和历史价值。祠后层峦叠翠,祠前秀水回漩。宗祠建筑为土木结构,三面风火墙,后面彻护坡。二进廊院式建筑,硬山顶,高阔敞亮,宏伟壮观。占地面积约500平方米,建筑面积400多平方米。始建于清朝,历代均有重修。土木结构,向庚甲兼酉卯(坐西向东),水出乙。门前为古官道,金狮公溪水环绕其间,大

李氏宗祠

正在修葺中的李氏宗祠（阮养进 摄）

门处于宗祠的左侧，登三级石阶，进入宗祠，内由戏台、天井、大厅组成。下厅建古戏台，古时建有八角藻井。左侧廊庑通往上厅，正座四扇七柱三开间，抬梁穿斗式木构架，进深15.88米，宽16.58米，面积263平方米，正脊高8米。中间四柱，柱围均为155厘米，高7米，实属栋梁之材。主体建筑完好无损。厅后鹅卵石彻护坡，中有一巨石凸出，形如蛇首。站在李氏宗祠门口，但见金狮公溪流如玉带环绕，对面"八斗山"似几案罗列。从远处眺望祠后靠山，只见两条山脉形盘龙，李氏宗祠就建在此处，余氏祖厝建在雌性蛇首处。村中凿一圆形水池，今已扩建为方形风水池，碧水蓝天，构成"双龙戏珠"的格局。

（阮养进）

余魏祠堂

余魏祠堂大门（阮以敏 摄）

余魏祠堂坐落在前洋村中心和平路8号，现为村老人会活动中心。祠堂坐北朝南，宽15米，深25米，是一座3进4扇土木结构老厝，新中国建立前有一段时间充作小学校舍。

相传前洋村曾有过三十六姓驻村的历史，如今村里尚有余魏李三姓人家。余魏两姓子孙在长期相处中感情日渐深厚，于是集资合力共建祠堂祭祀本村先祖。

余魏祠堂也是每年祭祀的场所。北面靠墙处搭有一处长5米宽2.5米离地50厘米的敬神台，敬神台的壁板雕刻众多精美纹饰。南面建有一处戏台，左右两边搭有观戏的回廊雅座。古戏台模仿古田大桥临水宫戏台格局建造，藻井上面花纹雕刻极为讲究。按习俗每年农历二月十八白马王生日往往要在此处唱几天大戏热闹

祠堂内众多牌匾已毁，只余匾托（阮以敏 摄）

热闹，一来请爱看戏的白马王欣赏，二来孝敬祖先。是日全村男女老少看大戏，引来相邻村庄的村民来围观，场面极为热闹。前洋村戏上演各种历史演义，也讲才子佳人故事。现在戏台后斑驳的南墙白灰壁上还留有不少剧团留题的墨迹，其中尚可辨认的有古田珠洋闽剧团、古田杉洋剧团、古田邹洋闽剧团、古田秀峰剧团、桃溪业余剧团、古田吉巷乡金峰闽剧团、凤竹业余剧团等本县的闽剧团，甚至有邻县的屏南闽剧团留下的墨迹。演出剧目有

《峨眉风云》《深宫艳梦》《玉宝带》等众多闽剧。据老人会会长76岁余养堡介绍,新中国成立前白马王庙有70担庙田租用来支付演出费用,四里八乡众多剧团都喜欢在此演出。余魏祠堂当时就是前洋村的文化中心,是人气最旺的场所,在前洋村民的记忆里留下温馨的一笔。

实在可惜,这里众多的牌匾、完整的楹联,以及古戏台和敬神台在"文革"时都被破坏了。现村委会计划将余魏祠堂进行重修,已请北京大学著名设计师做好规划设计。

余家崇文,魏家尚武,两家子弟互相影响,文武并重。后来余家也出武将,魏家也出博士。革命战争年代,余魏两家子弟一起参加革命,燃起前洋革命烽火,建立古田县最早的村级党组织,党旗飘扬在闽东大地。

(魏庆晖)

祠堂内壁画(阮以敏 摄)

忠孝为先　仁义为本
——前洋李氏祖训家风

元末明初，杉洋李氏始祖诲公第二十七世孙李茂山、李茂显兄弟携族人几经辗转，由浦城迁居前洋，在此肇基创业。李氏族人历来遵循祖训，忠孝为先，仁义为本，克己齐家，敦亲睦族，励志奋发，崇祖报国。

走进位于村西北山下的李氏宗祠，正厅上的四棵高大的柱子格外引人注目。翻开李氏的族谱，李氏后裔李文杰先生讲述了当时四兄弟同心协力共建宗祠的故事：

原来，李氏迁到前洋村时，在后山建房而居，并在后山开荒种植果树、林木，养殖耕牛，过着耕读传家的生活。到了后来，李氏家族一门五兄弟，一位迁居屏南。四位兄弟有了积蓄后，请来堪舆大师，择地金狮公溪旁一条龙脉，在山体结气处修建宗祠。四兄弟心想：我乃皇族后裔，要修建皇家霸气格局宗祠，必须寻找4根擎天大柱，撑起一片天地。主意一经决定，四位兄弟便分头寻找，终于找到四根百年杉木，摆放在场地，他们发现四房寻得杉木最大，三房那根最小。盖宗祠时，为了兄弟之间的平等公正，日后均衡发展，四位兄弟特别交代木工师傅，以最小的一根为准，削成周长一样大小的四柱。现在看到的四根柱子是用树龄百年的当地杉木制作而成，四根柱子周长均为1.55米。高度均为

7米，柱子身形巨大，整根杉木没有任何雕刻。屋架修好后，要想将大约两吨重的4扇屋架扶起，需要几十人同时发力，才能立起。去哪里请这么多人帮忙，好在祖婆是位仁慈善良之人，迁居之初，祖房处在古官道旁这里商旅往来，担回头穿梭于道。她怜悯古道上的担回头艰辛的挑夫生活，于家中备置茶水，免费供应路上行人，时常舍粥或借灶煮饭。当担回头客经过此地时。日复一日，祖婆热情好客、乐善好施美德感动了担回头客，他们成了她家常客。等到扶扇吉日，担回头客故都前来帮忙。经众人同心协力，四扇屋架一一被扶起。宗祠竣工后，祖婆并没有过河拆桥，她还继续为跋涉奔波于途中的路人免费提供茶水和粥食，体现了李家仁义为本、乐善好施的传统家风。

前洋李氏与曾氏家族的关系十分密切，李家还曾救过曾家人的性命。据传，洪武末年，曾氏举族外迁，就把曾家所拥有的前洋林地、田园和屋舍全都赠送给了李家，要求李家帮助曾家管理、祭扫曾氏在前洋村附近的先祖墓地。李氏家族乐意接手了曾家的财产，并回赠给曾家以重金作为盘缠。若不是李家仁义为怀、见义勇为，曾家何以拱手相让。事后，李家与曾家不仅成为世交，而且信守诺言，为曾家祭扫先祖墓地。

前洋村李氏家族祀宗祖、序昭穆、奉祭祀，秉持"忠孝为先，仁义为本""乐善好施"的家风。忠诚名贤，光耀青史；后起之秀，为栋梁人才，后裔守祖训，承美德，慎终追远，弘扬宗风，报效国家。李氏家族人才辈出。他们自强不息，奋发图强，事业上取得长足的发展，可谓丁财两旺；他们重教兴学，创办私塾，文武并重，人才辈出。

要论武功，族中武贡生的李应科应是杰出代表，素有"平乱将军"美誉的李应科，据传，明正统年间，都御史张楷平乱途经

（刘振茂 摄）

古田，急召兵马，李应科而被应征，他还带着他的弟弟李应贵，以及武贡生江子仪等一同应征入伍，被请旨授予敦武校尉。李应科等人随大军镇压地方叛乱，他们从家乡古田一路前行，直指建阳、浦城，到达浙江龙泉，又横扫义乌、东阳、湖州等地。半年后，李应科因功升忠显校尉，又率军乘胜追击，经江苏太湖，过吴江，直至昆山。平定叛乱胜利告捷后，李应科与兄弟等皆被诰封为武略将军。后来衣锦还乡，造福桑梓。充分体现了李家报效国家的赤胆忠心。

清朝时，前洋村的李则卿，在福州府任大状师，他的文才和口才相当出众，誉满福州城。

另一位武术大师李则天，传说他练就一身轻功，使得一条棍棒，功夫非同一般，可抵挡得住百人。前洋李氏家族人才济济，文武双全。

据不完全统计，古有李则卿等文魁2人，李应科、李则天等武魁4人。近现代同样人才辈出。李孔志于1942年参加游击队，后成为新中国第一代空军飞行员，成为李氏家族中的骄子。

前洋李氏祖训家风，既蕴含淳朴的传统内容，也沉淀着深厚的人文根基，有着丰富的精神价值，是所有从前洋李氏宗祠繁衍的李氏家族的精神食粮和信仰所在，成为前洋李氏家族后代取之不尽的精神财富。

（阮养进）

（陆开松 摄）

家风崇道义　祖训垂仁智
——前洋余氏家风

前洋余氏为杉洋余氏拓基始祖焕公后裔，于明宣德年间自鹤塘芝山分支而来。杉洋自古为先贤过化之地，先民们多耕读传家，仁义立世，贤达辈出。前洋余氏也不例外。仅明清两朝，进士三人，举人九人，庠生，贡生等各种生员达九十多人。据传，朱熹到杉洋讲学，路过前洋小憩隆兴寺。自宋以降，前洋亦受先贤惠泽，多有举子秀才秉持理学，耕读为业。"为天地立心，为生民立命，为往圣继绝学，为万世开太平"的理学名言更是前洋人的座右铭。

"鸢飞鱼跃"一直激励着前洋余氏的前贤后达，鸢的拼搏，鱼的腾跃，投身天地间，奉献于社会的精神，正是前洋人一贯所推崇，所学习的。他们从来敢于担当，有所作为，每当国家面临危难，乡里需要援助时，总有前洋人勇立潮头，争担道义。明万历年间，前洋余氏第二十五世祖文龙公进士及第，后官至赣州知府兼地方军事最高长官，为政清廉。告老还乡后，修建学校，修葺城墙，倡义捐资，造福乡里，功业载入史册。他所秉持的"诗礼传家，仁义处世。端品行，戒失节，担道义"等名言成为前洋余氏后裔的家规家训。他的侄儿兆元公在国家多事之秋，敢于挺身而出，为国分忧。乾隆版县志载："余兆元，字正复。性端方，有干济才,人不敢以鄙事干之。遭时多难,焚笔砚,从军于江宁,官校尉。"据传兆元公从军后多建军功,旌表传于乡里,这种舍小家为大家,勇于担当道义的高尚情操成为前洋人的楷模。

余兆元之子天民、之孙羲年,被誉为急公好义的祖孙三代。乾隆版《古田县志》及《余氏总谱》均有记载。

余天民,字作求(又字辛夫)诸生。尚气节,甲寅耿变,欲胁以伪职,遁去,遂入湖广戎幕,念一介书生,难以措手。在楚三年无所遇,归筑"浴梅书室",贮书数千卷,以终老云。

余羲年,字首五。以拔贡入京教习正黄旗。丁内艰,服阕,补镶黄旗教习。在都六年,不轻投一刺,大司成翁铁庵深器重之。秩满,知新郑县,下车即建义学,捐薪米以赡贫士之不足者。邑有无征粮者。为民累,三年捐俸一千五百余金抵解,复请豁之。欧阳文忠公墓在旌贤乡,比岁久就堙,命工掘土得碑,为封其冢。廉静勤慎,课最中州第一。抚军鹿欲特疏荐之,会以老疾,力乞致仕,书八上,始允。四乡苍赤争以竹舆舁至洛中,献酒果,阅十余日不得去。远乡民尤以不得奉一卮酒为恨,复人投一钱,制青布万民衣,盖习见其居官时,惟服布素,不敢以纨绢污其清洁也。立祠于凤台山左,仿置出祀之。

是先贤励志,抑或是先祖遗训的鞭策,前洋余氏总是有着为国为民担当道义的优良传统。20世纪三四十年代,当中华民族处在危亡的边缘时刻,又有一批前洋人前赴后继,争担道义,为生民立命,为民族解放,为万世开太平而流血流汗,建立功勋。他们以余志敏、余作明、余德发、余仲光、余三江等为代表的一大批革命先烈先辈,为新中国的建立写下了辉煌的篇章。古田革命火种,有他们在传播,新四军"老六团"有他们的身影,"澄洋暴动"流下了他们的血汗,"三都口战斗"铸造出的是他们的丰碑,

"苏洋布案"是他们的杰作,"巧袭古田银行"也尽显他们的身手。"智取盐业驿运站""石坑歼灭战"等都留下了他们永恒的足迹。在革命斗争年代,他们如鸢飞长空,如鱼跃大海,在各自的战斗岗位上担当道义。他们中不仅有革命的先烈先辈们,还有"红心白皮"的保长,他们明辨是非,保家卫民,个个都是铁肩担道义的热血男儿。

(余新达)

【附　录】

余氏家训十三条

刍荛可采,不必学士大夫;钟鼓兼悬,何分朝廷草野?况祖宗垂训,实切日用於庭帏;而子孙克家,敢忘遵循乎谙诫?夫孝思不匮,式克钦承,庶德行无怨而不愧,象贤之胄矣。列祖训。

一要孝父母。夫人自离怀抱以来,为父母者历多少苦辛。即使勤服劳隆孝养，犹恐昊天罔极，莫报万一。父母之前厉声秽语，忤逆不顺，甚至一子分爨，不顾父母之养，一经父母投首家房长，立唤到祖厝细询情由。小则责罚，大则革名，不许与祭。更有纵妇，不孝舅姑，询其事实，惩其放纵之罪，公议后，不许入谱。盖祖宗不愿有此子孙，而子孙实有愧于祖宗矣。

二要和兄弟。勿因些须财产田地遂生嫌隙，致伤元气。语云：难得者弟兄，易失者田地。有兄弟未失者，田地中有兄弟。少占便宜，宜相让，不宜相争。诗云：但得家和，贫也好；若教不义，富如何？

三要宜家室。凡为人子者，欲全孝悌美名，勿轻听妇言。诗云：妇人长舌。且妇人见浅，不知大义，男子溺爱，游随嬉戏，蹈入穷途，斯悔之晚矣。不知其非，以致冒不韪犯大恶，其弊有不可胜言者。愿子子孙孙毋效柔肠，须立刚节。

四要睦宗族。万意莫非同源共本。则思尊崇之弟侄，则思抚爱之吉相。庆凶相恤，疾病相扶，贫乏相济。所以九族既睦，而先业不坠也。间有挟私仇雠，曳私愤，致伤元气，甚非一体之义。子孙宜切戒之。

五要崇祀典。习俗之坏，固有家，累千金，祖宗弗享一簋。日费万钱，岁时罔供，一豆存著之义。谓何？报本追远，人道之至大者。或四时而祭，或春秋而祀，礼仪必备，心志必诚，不可不急讲焉。

六要勤劳作。生业士农工商，名之正，生理之常。故居肆则成事为本，居市则贸易为生。及时效力，不可错过光阴。游手好闲，无所事事，以遗后悔。

七要完国课。朝廷每岁所需必赖乎此，积久不完，甚非为民之道。年年清楚，未见有追呼之扰，实为美事。后人各宜预备，毋得挨延。古人云："国课早完，即囊橐无余，自得至乐"，诚哉。

八要省事端。忍耐为居家上策，宽洪是接物良模。莫因些少猜嫌，祸成无端浩大；莫因毫厘财产，费尽无限金钱。而且连年控案，屈膝公庭，以至倒箧倾囊，祀典有缺，此子孙之大患也。朱子云：为人戒争讼，讼则终凶。三复斯言，痛戒争端，受多少闲居清福。

九要惜物力。大而冠婚丧祭，小而酬酢往来，总须称家之量入与出，不可虚张混费，以致遇奢难为计也。果能率循家礼，依份而行，斯惜费实，以留有余地步。

十要尚廉耻。自入匪类，行流穿逾者，一经通族闻知，鸣鼓共攻，待其改过自新。倘仍蹈前辙，立即革名，祭谱不许登席。

十一要戒淫行。万恶以淫为首。不肖子孙有蹈此行，被人捉获投首，立即革名，不许与祭。更有帷薄不休，丈夫明知而故纵，此尤甚于辱身贱行者之所为。一经捉获，夫妇不许入谱，以辱先灵。

十二要慎交友。五伦之一，以文会友，以友辅仁，亲善齐贤，亦心身之一助。若徒游戏。徵逐狎昵宴乐，不特无益，而且有损。甚至广交闲杂若辈皂役人等，贻害犹也。而粗言秽语出入无忌，断非居家所宜。

十三要严借屋。闾里滋弊酿祸，多由异族杂处。族中或有不幸少寡者，困苦不堪，难以孀守，断不许招赘，并不许闲杂人等流寓。即亲友相关，亦不许寄食借居。倘有此事，通族合力攻逐，切勿徇情。

（余新达摘录）

五朝流韵

（阮以敏 摄）

魏氏家风

在中华民族悠久辉煌的历史长河中，魏姓是众多泱泱大姓之一，良相贤臣累世辈出，名士英才历代相继，先后涌现了8位国君、21位宰相，思想家、政治家、文学家、史学家和艺术家等杰出人物层出不穷。

战国魏斯魏文侯创立魏国，礼贤下士，国势强盛。

有唐一代，名相魏徵辅佐唐太宗李世民，直言进谏，奠定大唐基业，开创盛唐贞观之治千秋伟业，这是中华魏氏的骄傲。魏徵家风首推读书立志。简约朴素、不图奢华是魏徵的又一家风。而魏徵最为世人称道的是其刚正直言的家风。

魏看乃魏徵10世，字子观。唐佑元年（904）任福清县尉，为官体察民情，清廉爱民，镇守边防海疆，维护一方百姓安宁，带领军民围海造田，发展生产，改善民生，深受百姓爱戴。他提出家训"以天下之重任为己任""忠孝有心，仁义立身，重教尚学"。后裔丁财兴旺，人才辈出。

前洋村魏氏始祖魏盛全乃魏看后裔，魏盛全3世魏应诲，明末清初入前洋村，为前洋魏氏入村祖先。从此魏氏在前洋村开枝散叶，已繁衍至15世"家"字辈，经历明清民国直至中华人民共和国四个朝代，迄今已逾300多年的沧桑岁月，期间能人辈出。

前洋魏氏祖先劝导子孙精研手艺勤勉耕作。魏盛全10世魏昌坤是大木匠师，平生建造100多栋大厝，培养了众多徒弟，在古田大小东享有较高声誉。魏氏子孙在劳动之余习武强身。相传清朝年间出了一个武艺高强的魏师父。有一次他在水碓房碓米，一个平日里较量武功结下的仇家见他独自一人在碓米，邀来七个同伴，带了八根长棍要将魏师父制服。面对八人围攻，魏师父面不改色，以不停转动的水车和上下跳动的碓梁为掩护，在腾挪躲闪间，凭一条擦汗的粗布毛巾，硬是将八根长棍收走，最后八个对手落荒而逃！这一架轰动一时。

300多年来魏氏子弟与临村各姓氏子弟和睦相处，互通婚姻。尤其与同村的余家子弟情同手足，两家合建祠堂，共同祭祀余魏祖先。革命战争时期余魏两家子弟一起参加革命，燃起前洋革命烽火。魏氏青年子弟满腔热情参加中国新民主主义革命，在抗日战争时期，出现了1943年参加新四军的魏日光、老接头户魏八妹等一批革命者；在解放战争时期，魏立接、魏兴盛、魏兴周、魏兴城、魏兴朝、魏兴渭、魏兴祉、魏兴日、魏孝钟、魏赠益参加了解放宁德的战役。部分人员入编中国人民解放军，其余回村务农。这些革命先辈用热血和汗水为新中国奠基！

其中，1943年至1949年，革命老接头户魏八妹冒着生命危险为游击队秘密传递情报、购办食物等日用品。1944年与年仅1岁的孩子一起被北墩乡巡逻队关在乡公所楼梯间，受尽谩骂、恐吓与侮辱。后来又多次被敌人抓捕、威胁拷打，始终坚贞不屈，依然保守党的秘密。1946年，曾机智地帮助时任闽东北地委副书记的刘捷生同志和游击队长余三江同志转移到箬洋仔厂与地下党陈允村同志会合。还解救过游击队员曾广福。魏八妹俨然是京剧《沙家浜》里阿庆嫂式的人物，她坚定、勇敢、机智地掩护革命同志，留下许多可歌可泣的革命故事。

魏氏子孙追本溯源，崇敬祖先。本村魏氏两次修订家谱。光绪十三年（1887）8世魏澄海主持第一次修谱，2009年12世魏锡麟主持第二次修谱，以明族内长幼亲疏，留存家族史料。爱惜文物，代代相传。12世魏孝春家保存康熙乾隆年间满是虫洞的山契9份，郑重其事地用印有"姓氏来源"小纸袋装着，当作传家宝。这些山契已成为前洋村尚存的最古老的纸质文物。至今尚存的祖厝现在已得到妥善的保护。

流金岁月，魏氏子孙生生不息，创造了辉煌的文化和独特的知识，凝聚成"刚正不阿，宽厚待人；德孝为先，诚信是本；勤奋立身，和睦持家"的家训，训导和激励着魏氏一代又一代后人，使魏氏人才辈出，为中华民族的伟大复兴贡献力量。

（魏庆晖）

（叶高进摄）

"兴前洋，败院隆"

被誉为世外古村的前洋，村名何以叫前洋，令人遐想。古田县境内群层叠嶂，地势稍平之处都以"洋"称。前洋村土地较平展，以洋相称，理所当然。而冠之以"前"字，笔者以为是否与隆兴寺的地理区位有关。

隆兴寺在村西北的后门山的大山脚下，前洋人称隆兴寺为院里寺。其下方是一大片地势开阔的寺田，也称得上"洋"了，前洋人称后垄头。这与偏东南的前洋村址一前一后，两相对举，故

隆兴寺遗址（阮以敏 摄）

而把村落叫作前洋。当然，这只是猜测，姑妄言之而已。

这里所说的院隆，就是隆兴寺。院隆是否为院垅之误，也是猜想。

隆兴寺建于宋乾德三年（965）。淳熙《三山志》有记载。明代《古田县志》记载："隆兴寺，乾德三年，置田四亩五分，今系僧佛绍曾文进种，基存。"

我们登上前往老鹞石景点的一个高坡向西北望去，在高峻的平隘山下的层层梯田上，可见砌得十分严实整齐的石基，参差错落，层次分明。这显然就是当年隆兴寺留下的残基断础。从中可见有好几栋建筑物连成一体，可以想象当年寺院建筑规模之庞大。但要想在废址上寻得一砖一瓦却一无所获。倒是在废址边不远处有两个隆起的小土包下有小洞穴，洞穴顶上有烧结的土块，得知那是烧制砖瓦的窑址。在不远处还有一个大窑址。连建寺用的砖瓦都在这里烧制，隆兴寺的建筑规模和经济实力由此可见一斑。可是，隆兴寺后来荒废了，荒废到片瓦不存。据前洋老一辈人代代相传，说前洋村道上路中心铺的石板条都是从隆兴寺的废墟上抬来的。村民忌讳这石条作为屋内用材，只好用来铺路。同时，在村道上也能见到属于寺院的柱础石和带有寺院标号或文字的石块。

隆兴寺和属于隆兴寺的山林、田庄与前洋村隔着一条山脊。山脊上有一方巨石形如老鹞。有关前洋的兴村，千百年来一直流传着一个神奇的故事，说是这只老鹞千年修炼成精化而为石，曾开口喊出一句谶语："兴前洋，败院隆。"

建于宋乾德三年（965）的隆兴寺败于何时？怎么败的？前洋又是怎么兴的？笔者只能做肤浅的梳理。

佛教作为外来的宗教，早在汉代就传入中国。从隋唐至宋代，都得到帝王的信奉和护持。古田立县之前，就建有佛寺。到了宋代，古田县的佛寺已多达140座，许多名山胜地，都被寺院所占有。特别是北宋朝廷对佛教采取保护政策，寺院的田园山林能享有免税权。因此，寺院都拥有大量的山林和田产。前洋的隆兴寺，就占有前洋平隘山下的大片山林和寺院下方田垅的大片耕地。由于佛教的中国化、世俗化和平民化，老百姓尊佛信佛，使得当地民众不敢侵犯寺院连同土地山林等寺产。从前洋魏氏收存的几张契据看，民众想在寺院的山头上葬墓，也要花钱向寺院买。

然而，佛寺又必然要与老百姓相依存。从古田许多村落看，先有寺后有村的现象很多。就前洋村所在的卓洋乡而言，秀峰村的秀峰寺建于后汉乾祐元年（948），后来就岘了秀峰九村十八姓的格局。独峰村的独峰尼寺建于后周广顺四年，之后有了独峰村。前洋村邻近的芹洋寺与芹溪村、广胜寺与广胜村等，都有这种现象。前洋村落的形成，同样是先寺后村，也就是前洋兴村滥觞于隆兴寺。

隆兴寺建寺之初，前洋也有一些姓氏如江氏、曾氏、胡氏、卓氏等人家零星散居各处，有地名为证，如卓厝里、江坪里、胡山冈、曾林隘等。另外，从一些旧契约上看，似乎也有周、刘、陈、张、包等姓氏。所谓前洋古代有"三十六庄"，未必实指，仅言其散居之多而已。这些散户，未形成村落，一部分自己开基种田立业，一部分则成为隆兴寺寺田的佃户或佛寺的工役。

隆兴寺之败，当然不是被老鹞石叫败的。

自南宋至元明清，朝廷不再给寺院许多优惠政策和待遇。且由于程朱理学被确立为统治思想后，佛教在上层建筑上的地位出现衰弱现象。古田县从宋代以后新建的佛寺几近于零，原有的寺院也多已自生自灭。隆兴寺大约在南宋时也就开始衰颓了。"兴前洋，败院隆"也就从在这一时期开始。隆兴寺到了明代，已经十分寥落，寺田由一两个僧人管种，部分建筑只存残基。当然，隆兴寺之败，也可能还有其他具体的原因，只是年湮代久，无从考证。

势败如山倒。隆兴寺一败落，僧众急剧减少，在当地很快就失去权威性和影响力。隆兴寺的彻底荒废大约在清康乾时期。那时，佛寺里的僧人已寥寥无几。康熙十二年，有一份隆兴寺的卖山契约中言及"今本寺崩坏将倒，无银修理，募缘维艰，欲将山卖银修寺"云云，立契据的僧人只有一师一徒。可见此时的隆兴寺，"隆"与"兴"二字早已为岁月的烟尘完全埋没，在乾隆版的《古田县志》中，只留下怵目惊心的一个字：废！

败者自败，兴者自兴。隆兴寺的败落与荒废之后，

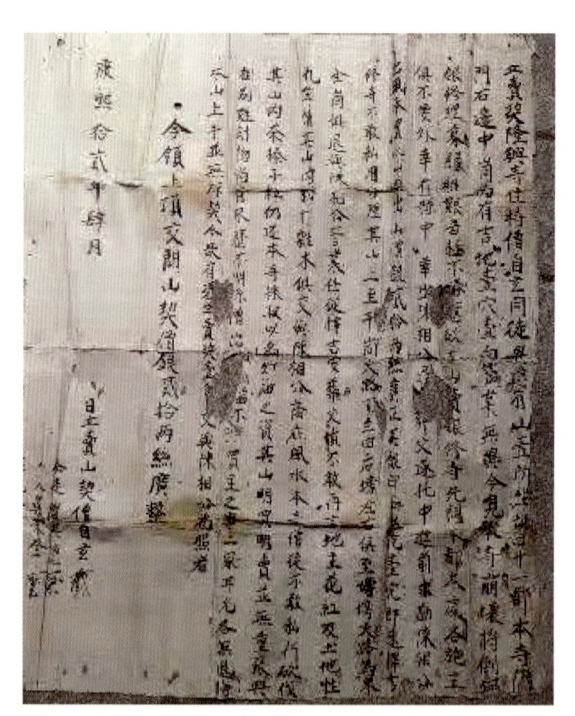

隆兴寺卖地契约

村后原为大片寺田寺山（刘振茂 摄）

其大量的田园、山林，就归前洋原居民或外来的觊觎者所占有，这为当时的前洋提供了旺族兴村的充要条件。各姓氏聚族于斯，人丁繁衍，村落的格局自然就顺势应时而成。特别是到了明代，李、余、魏三大姓氏看好前洋这块风水宝地，相继从他乡迁入，靠他们强大的实力，逐渐"收集"了原有的所谓三十六庄，终于形成余、李、魏三大姓和睦聚居、人文兴盛的前洋村，年年代代，绵延至今。

吴谨校长在考察前洋村时，概括为"五朝齐列一村落，一眼望穿千百年"，信哉！

（江山）

前洋前传

前洋，千百年来留存的古厝、古道、古井、古圳、古树，传统的乡韵家风与革命遗址造就的村史村貌，以及近年来乡村振兴的成就，一直为人们所称道。

概由于厚重的底蕴，游子的故园之恋，游客的乡愁追寻，使不少为文者慨叹一句"前洋的魅力过去却一直未被世人所知。"殊不知，二十五年前就已经头角峥嵘，新农村建设走在全县的前头，成为全县乃至全市的先进。

1995年，福建省开展脱贫致富奔小康。我县根据省、地统一部署，遵照"全面启动，分类指导，分期实现，坚持标准，逐步验收，三年达标"的指导思想，以县乡级16项指标，村户10项指标作量化，水、电、路、电话、电视"五通"为硬件，以相应的"五改""五化"为抓手，以村容村貌全面整治的小康新村建设为依托，确保80%的乡镇、村居、农户实现基本小康目标。

1996年下半年，时任宁德地委副书记、宣传部部长、地区小康办主任陈济谋在检查第一批小康村验收成果过程中，来到前洋村。适逢雨后初晴，云烟缭绕中的古村，青瓦土墙、小桥流水、一派江南水乡景色。陈部长是文化人，诗书画皆通，此时环村绕行，漫步石阶石板小径，入户看古民居雕梁画栋，端详遗存匾额，不住频频点头。他临走一板拍下：你们准备准备，在这里开一次全区现场会，让各县同志来感受感受。前洋村要有一份经验介绍，县乡也要发言。

其后，录像资料留下了现场会的盛况以及举村开展整治活动的过程及经验总结。

1997年6月22日，县委、县政府在大桥镇瑞岩村、卓洋乡前洋村、鹤塘镇西洋村流动召开整治村容村貌经验交流会，号召全县干群坚定信心，使新村建设呈现新气象。力求达到"三化二有三净"，即主要街道硬化、厅堂水泥化；有村庄建设规划图、有排水设施；街道净、院落净、厕所净。

1997年7月9日，全县小康办主任，工作队长会议在大桥镇召开，观摩了卓洋乡前洋村工作情况的录像。对新村建设进一步提出具体"八化""八一"要求：农宅厅堂水泥化、天井净化、房前屋后绿化、主干道硬化、公共场所清洁化、新建结构钢筋化、人居畜养科学化、旧房残墙清理化；有一个醒目村牌，有一个村建规划牌，至少有一个公厕，有一个垃圾堆放场所，有一个宣传栏、主村有一条醒目小康标语、土木结构房子主要外墙要一片洁净、有一份村民卫生公约。

1997年8月初，《古田报》报道卓洋乡前洋村"治窝革命"走在全县的前头，而他们的经验集中到一点，还是那句老话"火车跑得快，全靠车头带。"希望广大农村干部都能像那里一样，思想再解放一点，敢抓真抓善抓。

有趣的是，前洋村虽然是奔小康的先进典型，对于上级要求的一些项目却没有抓落实，永久地"落后"于别的村落。

1995年开展的脱贫致富奔小康运动，上级对农村建设提出的"三化"中的"主要街道硬化"和"厅堂水泥化"；以及"八化"，中又有的"农宅厅堂水泥化、主干道硬化",加上"旧房残墙清理化",那一阵子,许多古村把街巷村道光洁的石板路全都灌上水泥浆,厅堂和天井的旧地砖也都被水泥覆盖,土墙被刷上一层单调的黄色涂料。这也是大势所趋,然而前洋村对这些项目却一直未予实施。

理由很简单:前洋余、李、魏三大姓的祖先对子孙都有共同的遗训:为了共同兴族旺村,后代子孙对宗祠、祖屋、道路、公共设施等都要严加保护,不得随意更改或损毁。前洋村的干部和广大村民有强烈的古村落传统文化保护意识,以谨遵祖训为由,对"三化""八化"中的这些项目未落实水泥化。

后来,当许多古村落因"水泥化"而深感遗憾的时候,前洋村却自豪地在古道上、古屋中留住了一段历史,一层留恋、一段乡愁。如今,游客或徜徉在一条条光洁的石板古道上,或瞻观一座座古民居,都会啧啧赞美前洋古村庄的原汁原味和古色古香。

(林祥塅)

前洋村全景

名胜古迹

中国历史文化名村·福建前洋

前洋村古民居群概述

"五朝齐列一村落,一眼望穿千百年"说的便是前洋村的古民居。

古民居的观赏,常以单宅独栋为对象,而前洋的古民居,实际上是一个"群",正是这个"群",成了前洋古民居文化的巨大载体和最大特色。想要对前洋古民居群作个综合的评价,唯有"广大而精微",方能一言蔽之。

前洋古民居群航拍图(叶高进 摄)

前洋村位于古田县卓洋乡北部，紧邻省道宁古线。无论谁，只要去一次前洋，都会留下终生难忘的记忆，因为前洋村特点鲜明，可用四个词语表达：生态宝地，传承千年，民风纯正，地灵人杰。

盘古开天地，造就了天下的高山大川，也造就了前洋村独特的山形水势。前洋村地处戴云山脉西南侧，北面倚靠东门山、马仙岗、虎山岗形成的连绵冈峦，地势从西北向东南缓缓降低，形成一大片相对平缓的洋面，南面遥对金牌山。一条金狮公溪（金水溪）从北向南贯村而过，与西南边来的佛殿溪汇合于村东南，再向东流出。洋面上有五个小山丘。全村形成"前挂金牌，背依翠岫""五鲤游洋中，两龟把水口"的绝妙山水形制。

前洋村有千年历史，宋代已有人居住，主要居民姓曾。元末明初，杉洋李氏始祖李诲第二十七世孙李茂山兄弟几经辗转，由浦城迁居前洋，并受赠了曾家财产，开始在此繁衍生息。从此曾姓外迁，淡出前洋村历史舞台。明宣德年间，杉洋余氏始祖余焕第二十一世孙余深从芝山迁居于此，开基落堂，创建家业。另外，魏氏家族也很早就迁居于此，并不断开拓发展。目前前洋村总人口1226人，其中余、李姓居民较多，魏姓略少。全村祀拓主白马大王。

前洋村的古民居贯穿"五朝"，历宋、元、明、清、民国。宋、元两朝的建筑已基本为千百年来的风雨无情侵蚀所摧毁，除一座残存的元建民居外，均仅存遗址。如今留存较为完整的是明、清、民国三个朝代的古民居群落。

前洋古民居，清一色坐西北朝东南，并由西北向东南呈朝代从远到近规整有序排列。前洋先辈这种在建造新房屋的同时，又能保护利用好旧的居所，不进行破坏，并且能使新旧建筑合理、

有序的排列，达到相容、并用、共存的创举，向世人展示了他们在建设规划上的过人天赋，甚是难能可贵。前洋村与无数的村庄一样，在历史上都曾经历过战乱或浩劫，却不像大多数村庄一样古民居群遭到"毁旧建新"的严重破坏，甚至毁灭，相反，一代代的前洋人能悉心对旧民居加以保护，使之留存至今。这种规划能力、传承能力、保护能力，展示了前洋人超前的建设文明。前洋古民居群的发展史，堪称中国古代村落建设发展的一个范例。

前洋村的古民居，数量众多，令人目不暇接，无法逐一细述。现只着重介绍几栋有代表性的厝屋，以求达到窥斑见豹之目的。

明代民居群

前洋明代民居群位于村落西北部，保存比较完整的约有10栋。由于明太祖曾号令天下厉行节俭，并严格限定了各级官员及百姓房屋的规模和格制，其中规定平民的房屋不得超过三开间，

明代古民居群

禁止使用斗拱，禁止奢华装修。因此，明代的民居建筑相对都较为低矮，内部装饰也比较简单。然而前洋余氏明代的祖厝之一、万历进士余文龙故居、今余泽陆厝，堂屋轩昂，斗拱众多，装饰精美，显得相当豪华，成为不可多见的明朝村居代表性建筑。

此厝位于明代四栋排厝西侧，二落厝。正门木制，仿显贵府邸的将军门建制。门板厚而硬实，左右两侧部分为隔屏，中间对开式门扇。主座四扇五开间，厅堂头有明代几桌，样式虽古朴简单，却也有精美的雕镂装饰，富有品位。大厅正中上方有主堂梁，据说有把持整座房屋的"风水"作用。此梁做工极为精美，上绘丹凤、牡丹、竹、鹿等图案，美轮美奂，足称前洋古民居构件中之极品。

全厝屋内门、窗均有精雕心屜；屋内廊柱、厅柱上，有众多接梁斗拱、雀替；内墙额、书房檐角雨挡等处至今保留有大量的石彩雕塑。这些都为厝屋增添了华美的元素，也体现了屋主当年尊贵的地位，雄厚的财力，高雅的品位。

清代民居群

前洋清代民居约有50栋，俱建造精工，各具特色。其中声名远播的有余氏三栋排厝（其中一栋为遭火毁后重建）、余三江祖厝、余文明祖厝等。其中三栋排厝位于村落中北部，占地约3000平方米，气势恢弘，厝前还有巨大跑马场，如今犹存遗址。排厝三栋的规模格制相似，建厝人为三兄弟，有的以财气著称，富甲一方；有的以文化著称，厝内至今悬有"文魁"匾；有的以武功著称，厝中原悬有"武魁"匾。

现以原排厝右起第一栋（今余养航厝）为例作简要介绍。此

清代古民居群

名胜古迹

厝以形制规整，结构严谨，建造精良，更因从中走出了一位令前洋人引以为荣的副部级官员而闻名遐迩，是前洋清代民居的代表性建筑。

整厝呈长方形，面宽约22.8米，深约43米，正脊高约7.5米，规模宏大。屋顶硬山式，山墙顶圆弧形，山墙两边层递式马头墙，翘角挺劲有力。全厝屋内主要铺方砖，天井嵌条石。边墙有多扇小门，与邻厝相通。

房屋正前为高大石门，石门楣刻阳文"锡福凝庥"，石门两边细凿门联板，刻阴文对联曰："祥光凌北斗，瑞气接南山"。进大门，到照厅。照厅采用斗拱式梁架，显得古朴而典雅，正面有双开式屏风门，门上有镂雕钱形花纹横披。过照厅，到天井，天井沿中轴线为条石横铺的通堂甬道，过甬道，上5级石阶，到主座

49

正厅。

主座四扇五开间。正厅长、宽均约8.8米，高约7.1米，宽敞明亮。正厅两侧有官房、耳房。大厅进步屏风有浮雕"鹿鹊财喜"与"松鹤延年"图案。过进步到后厅过雨亭，亭后为天井，北接绣楼。

绣楼高两层，底层正中有小厅，两侧为仓房，仓房两侧有墙门，门内为密室，非当家人无法入内。仓房前东西两边各有木扶梯通往二楼正中小厅，小厅两边为厢房。绣楼当时是女眷们做女红（如绣花或织荷包）的地方，除家人以外的男人一概禁止入内。

全厝房门、窗户、横披均有雕镂，宫、葵、整纹图案一应俱全，人物故事、博古、虫草等心匾花样繁多，做工精美而又古朴大气，纷繁复杂而又井然有序，为本厝之一大特色。

前洋清代单栋规模最大，建造精工，且保存较为完好的民居当数建于清初的原余文明祖厝、烈士余作铭（明）故居。

该厝位于村落中部。全厝面宽23.4米，纵深约44米，有三个院落，结构坚固。山墙硬山顶，封火墙顶部呈羊角状，气势嵯峨，两侧为马头墙，翘角刚劲有力。

面向正门，两侧山墙上部托撑垂脊凸出正面墙体，翘角吻部下方立面各有一副麒麟送子浮雕。浮雕下方向内侧削面各有一幅书法，黑底白字，内容右为唐代诗人项斯的《山行》诗句"山当日午回峰影，草带泥痕过鹿群。蒸茗气从茅舍出，缲丝声隔竹篱闻。"左为刘禹锡诗句"清光门外一渠水，秋（色）墙头数点山。疏种碧松通月朗，多栽红药待春还。"

正门与上述明代余氏落堂厝相似，但更为高大。进门，至前落厝，中间为甬道，进深3.65米至中门，再进2.1米到前落后墙门，墙门通第二落。进二落院门，到过雨亭，亭两边有楼梯，通

往二层。经雨亭，到石条铺砌的天井，天井两边是书房，其中南侧有两层。下层书房门、窗心屉为花字，为"福、禄、寿、喜"等字样，加以花纹修饰。

主座大四扇，五开间，七架梁构造。地面统铺斗砖，屋顶椽条致密。主座正中为大厅，厅宽8.9米，进深8.7米，高8米余，宽敞明亮，颇显大气。主堂屏前有几桌，堂屏上挂中堂书画，额枋悬历代祖先神位匾额。大厅两侧有官房、耳房各数间，耳房外侧为梯弄，梯口处有边门。厅堂左右进步屏风各有长方形精雕隔扇一副，右屏草书"学武侯谨事"，左屏"法司马存心"，俱涂以金粉。

过进步，到后厅，再前为天井，接后院前墙。后院为绣楼，二层，一楼中间为小厅，前有天井，天井两侧有扶梯通往二楼小厅，小厅两侧均有厢房。

厝内各房门、窗户、檐角雨挡、正墙内额等处都有精雕细绘，图案有松、鹤、鹊、凤、牡丹、鱼、瓶、桃、蝙蝠、鹿等，各有寓意，极尽美好之愿望。

全厝现存旧挂板联多幅，内容高雅，如："天开锦绣三台瑞，日照乾坤五凤祥""门前山色水声莫非书意，俗外花香鸟语便是诗怀"等。

民国民居群

民国历时较短，故前洋村此时期的民居也较少，至今保存较为完好的有5座。民国民居位于村落中南部，结构上大体模仿清代，但又与之有所区别，内外部的修饰也显得简单得多。现以今余新刚厝为例，简述之。

该厝与上述余养航厝规模基本相同，总体结构也大体相类。正门有石门框，石门槛、石门联，遮雨檐做得比较简单。进门无照壁，直达天井，天井中间有甬道，但甬道与明清时期的截然不同，甬道高出天井地面，与庑廊齐平。过甬道，上五级台阶，台阶两边有清代象征功名的阰石（俗称"仕石""体面石"），该石在清以前是不能随便设置的，否则将被视为欺君犯上，遭灭顶之灾。主座规制与清代基本相同，但大厅正脊高达10米左右，超过前朝官方限制。屋顶椽条分布致密，更有利于防漏御风，并且坚固耐久。正厅后面的厝屋建造就更为简单了：有一个天井，天井后没有绣楼，只有几间并排的单层仓房。全厝基本没有精雕细琢的地方。

民国民居与清代的存在较大差异，有其深刻的政治历史原因，

民国古民居群

从中也可以折射出民国时期在政治、思想、文化上的巨大飞越。孙中山倡导求真务实，反对奢靡之风，故人们在建屋时把财力主要投向使空间尽量高大宽的实用上，而基本忽略了对厝屋的雕琢刻镂等装饰，又如不设照屏，抬高甬道，加密椽条等，也都是为了使房屋更加实用。同时，当时民众正在摆脱封建礼教的束缚，在建筑规制上不想也不必再受限，体现出了自由精神，如随意去照屏，设阤石，升甬道，抬正脊等，这些若在清代，是谁都不敢做的事。因此，前洋的民国民居，虽无精雕细琢，但也同样具有很高的历史价值，其地位绝对不容忽视。

辅翼建筑

前洋村有炮楼 5 座，主要建于社会动荡的清中后期，当时为了防土匪，大户人家在厝角添置炮楼，炮楼占地面积多在 12 平方米左右，墙体厚实，3—4 层，四面有瞭望孔，枪眼等。在革命时期，前洋村是红军、游击队的重要据点，左丰美、刘捷生、黄宸禹、杨兰珍等革命前辈曾长期驻扎于此，开展统战工作，筹建自卫武装。这些炮楼，结合鳞次栉比的古民居群，为革命者的工作和战斗提供了特别的安全保障，也使在余三江等人领导下的前洋村成了"红旗不倒"的红色村寨。这也算是前洋古民居对救国救民做出的特殊贡献吧。如今，炮楼已失去其本来的功用，但她摇身一变，又成了前洋村一道亮丽的风景。

在前洋村整个古民居集群的核心地带，有一个巨大的风水池，面积 300 多平方米。担当着民居消防的重任。前洋至今还留存有古井 7 口，大多是该村各姓氏兴基时所掘建，有的有上千年的历史，也是前洋村沧桑历史的见证。

炮楼、古井、"风水池"，如今也都成了前洋古民居的重要文化载体和组成部分。

千百年来，古民居荫护了前洋人，也孕育了前洋村的荟萃人文。前洋的历史文化蕴藏丰富，随手拈来的"史话"就有"余李两姓起落史""五鲤山的传说""马仙岗的传说""老鹞石的传说""拓主殿的传说""余三江传奇""前洋革命史""前洋八景"等。这些，也都在期待着人们去慢慢倾听，细细了解，久久品味……

前洋是中国传统村落、中国历史文化名村、福建省生态示范村，坐拥青山绿水，秀色可人。站在村前或村后的山岗上，远望全村，村形村貌尽收眼底。在这里，我们一眼望穿的不仅是前洋这个小村庄，更是前洋村千百年的古民居文化，更是这个村庄千百年来的文明发展历程！

前洋村古民居群，"广大而精微"。前洋村古民居——群山中的一朵奇葩！

（吴谨）

宋园遗址(刘振茂 摄)

宋园遗址

名胜古迹

前洋的隆兴寺建于宋朝,且雷击树原是村民所种"风水树",树龄800余年,也是宋代古树。可见,前洋宋时就有先民居住。在宋代前洋属于元和乡安民里的苏洋村管辖。

前洋宋朝遗址就是现有教堂斜对面的火烧坪。火烧坪有两块,高度落差约0.8米,为两个规整的长方形接连在一起,上火烧坪330平方米,下火烧坪390平方米。火烧坪是后来的名称。这里曾是"大跃进"运动时期建的食堂之地基,上食堂是一层建筑,做大餐厅;下食堂是历代保留下来的两层古楼房,修缮后供食堂管理人员办公用。食堂停办后,房内由村民堆放稻草、干薯藤等易燃物。1964年的一个晚上,因烟蒂起火,食堂被烧个精光,"火烧坪"由此得名。后来火烧坪被整理出来，作为生产队的晒谷场。改革开放之后，人们把晒谷场又各自划分出来，用于菜地。

据老人们回忆，20世纪三四十年代，上火烧坪盖一些粪寮、猪栏之类。下火烧坪位置原来盖一栋两层简陋的平房，大厅、天井皆为泥土铺地，住有三户人家，大门紧依古官道，朝东南方向，路下有口古井，长2.3米，宽1.2米，深0.9米，年代久远，但井水清澈，泉流不息，现在依旧有人饮用。大门通往水井的路上有一块雕花路石，从花纹看，是宋朝图案。

据有关资料得知，宋代农村百姓的住房比较简陋，多为低矮的瓦房茅屋。20世纪留存下来的此处住房应该属于后来较富裕的人家所建。

在这座旧厝坪里，目前只能寻见垒砌简朴粗糙的残基断础，与宋代隆兴寺的废础相似。自宋至今，这里大概是几废几兴，至今就只留下这片令人怀想的荒园遗址了。

（陈兴锦）

宋代石条遗存（阮以敏 摄）

（阮以敏 摄）

前洋余氏祖厝

名胜古迹

前洋余氏祖厝（今余养健厝），位于村落西北部明代民居"四栋排"东起第二栋，李氏祖厝东南面，余文龙故居东北侧，门牌号：团结路七弄23号。

该厝始建于明代前期，扩建于明中期，坐西北，朝东南，占地整体呈长方形，面阔22.1米，进深34.8米，规模宏大。全厝分前后两个院落，后院落进深11.7米，为前洋余氏最早的落堂厝。明宣德年间，杉洋余氏始祖余焕第二十一世孙余深从芝山迁居于此，开辟鸿基。前院落进深23.1米，为余深嫡孙所建，在后院基础上扩大规模，加建厝屋，以解决家族人口快速增长的问题。

全屋土木结构，天井全铺条石，厅廊统铺方砖（部分有损坏修补）。全屋柱础较为矮小，符合明代风格，屋顶盖蝴蝶瓦，白灰扎口，规整统一。屋门、窗建造较为简约古朴，并多采用直棂窗，沿袭宋元风格。

祖厝门前为停轿坪，坪宽3.5米，进深3.4米，外沿为石条砌成，内面为小石块铺就。相对于前洋其他明后期古民居停轿坪皆为规整条石彻就而言，这正体现了当时余氏创业还处于发展中，尚未十分的富足。

正门高大，嵌以厚重石门框，门高2.4米，门上方有遮雨檐，两侧有三层花形斗拱接花牙子雀替，斗拱下方有长方体砖柱支撑。进大门，到门厅，厅宽3.6米，进深2.1米，卷棚顶，正前为厅屏，屏宽1.8米，旧时用于护卫厝屋的良好风水。屏背有精雕花槅图案。门厅两侧为下房。

过门厅，到天井，天井宽8.6米，进深5.9米。天井两侧为书房，书房前有庑廊，廊宽2.3米。天井正中有条石横铺的通堂甬道，甬道两侧有花圃花架，体现屋主人的文明雅致。过甬道，上5级台阶，到主座。

主座大六扇，五开间，正脊高7.3米。正中为明间，大厅宽5.3米，进深5.5米，较为宽敞。厅屏宽阔高大，前有几桌，样式古朴。屏上挂中堂对联，屏枋上嵌钱形纹横披，历时久远，颜色灰暗，横披上方置如意斗拱，悬挂镇屋紫微銮驾。大厅正中上方悬有进宝梁（子孙梁、风水梁），梁托深雕精美，不可多得。厅两侧有官房、耳房各数间，皆为两层，上层较为低矮。耳房外侧有上楼通道，木楼梯，宽1.2米。大厅边上放有古代留存下来的练武石两方，一方二百六十斤，一方三百二十斤，曾为余氏先祖余文英长子、武信郎余兆元练武所用。体现了前洋余氏文武兼备的家族文化传统。过大厅进步，到后厅，后厅接三级台阶，至后院前墙。

后院较前院具体而微，不同的只是主座为两层。主座正脊高6.6米，较前院明显降低，符合明前期特点，因明太祖曾号令天下厉行节俭，并严格限定民居的规模和格制，因此明代的民居建筑相对都较为低矮，内部装饰也较简单。

后院天井宽6.3米，进深2.3米，两侧为书房（现为厨房）。过天进，上5级台阶，到主座。主座上下层中间各有一厅。下厅宽5.1米，进深6.1米，高2.8米；上厅宽5米，进深4.7米。上下两厅厅屏后仅为通道，接实墙。下厅前廊宽2.7米，两侧通边门（葫芦门），与左右两座民居相通。

为增加天井采光，二楼厅廊在近代重修时将中部廊位内收，形成"凹"状木板厅坪，廊栏杆构件呈中空条状，具民国后特征。这一修缮使相对低矮窄小的主座大厅和书房变得更加敞亮。

更值得一提的是，二层右侧主间北侧开有后门，打开后门，外边即是那条石面被走得溜光滑亮的原宁古官道。门旁还留存有柜台，柜台上安装有一排鞘板，打开鞘板，这房间就是一个像模像样的小店铺了。由此，我们看到了前洋余氏始祖余深对于祖厝选址的独特思路。他不仅是一位富有学问的儒生，还是一位很有经济头脑的智者，他安排族人在开辟田园、创置恒产的同时，还利用房屋二楼开设沿街店铺，通过为行商过旅服务增加收入，发展家族经济。难怪余氏家族在他的带领下能顺利、快速地繁衍生息，发展壮大。

所谓钟灵毓秀,地灵人杰。余氏历代祖先艰苦创业,优良传统代代相承,自余氏落堂前洋数百年来,宗族兴盛,文明昌隆,贤彦辈出,彬彬济济,名扬玉邑。如:古代出有获贡生以上功名和受诰敕官职者达70余人,其中有进士余文龙、余廷珪等3人;举人余瑞镛、余槐元、余春枝等9人(其中武举5人);拔贡2人;文武贡生20余人。现当代更是人才济济。清末享誉八闽的福建"八路一"戏剧创始人之一余祖铭(字洽养)曾在祖厝生活,后学艺扬名。

(吴谨)

李氏祖厝天井下廊（阮以敏 摄）

前洋元建李氏祖厝

名胜古迹

前洋村古民居群特点鲜明，它贯穿宋、元、明、清、民国"五朝"，并在村中由西北向东南按朝代顺序依次排列，体现了前洋先民在村庄布局规划上的高超智慧。前洋古民居虽贯穿五朝，但能完整留存至今的只为明、清、民国的民居，宋、元两代民居基本为千百年来的风雨侵蚀所摧毁，仅存遗址。

然而在前洋古民居中，却有一栋非常特殊的建筑，它始建于元朝，因历代都能以传承与发展并重的理念妥善修葺，如今成了一座带有宋、元风格，并兼具明、清、民国特征的"兼容五朝"

的传世民居珍品，那就是：前洋元建李氏祖厝。

元建李氏祖厝位于前洋村落西北部，余氏祖厝东北面，李氏宗祠正南面，坐西北，朝东南。约建于元大德五年（1301），为前洋先民曾氏家族所建，后赠予李氏。该厝原为二落厝，规模宏大，后落厝于民国后期由李氏族长分配给了三房宗亲重建使用，因前洋李氏为唐皇室后裔，三房遂仿唐皇室建筑风格修建了庑殿顶三层楼房，在当地俗称"八角楼"，此楼现仍留存，独具特色。

有人称李氏祖厝为"元代古民居"，实际上确切地说应称之"元建古民居"，因为该厝元代的建筑构件现已很少了，难以称其为纯粹的元代古民居，只是还保留存有一些元代建筑的风格特征。

元末明初，唐太祖李虎第八世孙古田杉洋李氏始祖李海第二十七世孙李茂山、李茂显兄弟携族人辗转从浦城迁入前洋，肇

李氏祖厝一角（阮以敏 摄）

基创业。李氏家族宗风淳朴，尤以忠义传家，与宋代就迁居前洋的曾氏家族关系十分融洽，据说李家人还曾救过曾家人的命。据传，洪武末年，曾氏因受"蓝玉案"遗留问题的牵连，需举族外迁避难，于是曾家把所拥有的前洋一切山林、田园和屋舍全都赠送给了李家，只要求李家帮助他们暗中管理、祭扫曾氏在村附近铁土洋寨垄的6座先人坟墓。

李氏家族同意并接手了曾家的财产，同时回赠曾家以金银盘缠。李家发现曾家那座建于大德年间的大六扇二落厝定势绝妙，决定对其进行重修，以作为李氏"祖厝"使用，造福子孙。于是他们对屋厝进行了重修，并移请祖先神主牌入厝供奉。因为重修，这座李氏祖厝已自然融入了明代的建筑风格，而元一代因时间短暂，南方农村的建筑法式受元朝规范的影响并不很大，一些方面仍沿用宋代规制，所以李氏祖厝又带有宋代的特征。随着时代变迁，到了清代、民国，李氏后人又不断地对祖厝进行修缮。最后，这座元建古民居在不经意间竟成了同时具有"五朝"风格的难得历史遗存，具有很高的文化研究价值。

现存的李氏祖厝，面阔22.5米，进深24.1米，为一落厝。门口有平整的条石砌成的停轿坪。大门仿将军门建制，门面宽大，门扇对开，门楣上有两个万字纹雕花门簪，显示原屋主有五至七品官阶，门簪又称户对，与门口两个抱鼓石（又称门当）合称"门当户对"，此门门当已失。门上方有遮雨檐，檐两边有三层斗拱接花牙子雀替，上托檐檩，斗拱下有民国重修时补砌的青砖方柱支撑。

进大门，到门亭。门亭非门厅，四面通透，无照屏，建制与明清的门厅不同，应是宋元规制。过门亭，下一级石台阶到天井。台阶边侧有莲瓣纹及云状纹浮雕，具元代石雕风格。天井宽阔，由大块精琢花岗岩条石砌成，做工精良，经数百年人畜踩踏和风雨蚀浸，未见任何仄痕，诚为罕见。天井左右各置一个精琢石板花架，花架长3.56米，宽约0.43米，高0.93米，形制颇大，尽显当年屋主的富足、儒雅以及不俗的审美品位。

天井两侧各有书房三间位，每间位都有上下两层，上下层之间设有花拱遮雨檐，此雨檐与二层雨檐组成了"重檐"特征，这是宋元明清民居所没有的，在封建社会，重檐为皇家规制，一般人不能使用，所以这一房屋构件应为民国修缮时所添置。

过天井正中甬道，上五级台阶到主座。主座为"大六扇"规制，五开间，西侧耳房今已坍毁无存，仅剩四开间。大厅为明间，宽4.9米，纵深7.3米，高6米许，符合元末明初规制。

厅廊贯通左右，进深2.48米，廊沿柱方形，柱础呈扁方形，上下收缩，中部略鼓，四面有阴刻开窗，具粗放朴实、雕饰简约、潇洒自如的元代民间风格。廊顶部为卷棚顶，造型古雅，做工精巧，廊沿柱上架硕大太平梁，梁上有两个驼峰，横向透雕精美花卉图案，有梅、莲、菊、牡丹等。梁柱的粗犷与雕镂的精细形成了强烈对比，造成了独特的视觉冲击。中间两根廊沿柱上方有三层斗拱接精雕双向花牙子雀替，雀替为上下两层自然连接，下层两边分别雕刻鸱吻吐水、仙鹤衔芝，上层分别刻富贵牡丹、万寿菊卷草等图案。

大厅上方、正脊下方悬放有子孙梁（又称进宝梁、风水梁、主堂梁），此梁方形，较细，与明清子孙梁样式明显不同，因时代久远，彩漆已泛白，并有较严重蛀蚀，是元代构件的遗存。子孙梁梁托呈方形，精巧典雅，上深雕仙鹤衔灵芝图案，谓"仙芝鹤寿"，寓意麻佑合族子孙健康长寿。

大厅厅屏前置供几、供桌，厅屏上方有古朴的钱形纹横坡，

厅梁上为如意瓶托弯枋，上接一斗三升斗拱承檩。左右进步上方各置有神主木龛，用于安放祖先神位。大厅东西两边为官房，东官房东侧有耳房。官房与耳房之间有一条宽大的通道，这在古田古民居中是极为罕见的，应属元代特征。

耳房边至山墙自然形成屋侧通道，在古代主要供女眷行走使用。耳房前有楼梯通向二层，二层有小室数间，因房屋高度有限，第二层层高较矮，且室顶沿垂脊方向由高向低倾斜，室高 2.1 米到 1.2 米不等。

过大厅进步，至后厅。后厅廊宽敞通透，东西宽 21 米，进深 4 米，上有廊檐，单侧四架梁结构，下为太平梁，上有两层鸱吻形月梁，接一瓜柱，上托檐檩。后廊东面有侧门，门宽 0.88 米，高 1.86 米，对开，门扇木质，厚实，门板上部隔板有元代莲瓣纹饰开窗图案。

主座正脊、垂脊的压脊砖高度向两头、檐边微微升起，收口处略高，但无明显翘起。前墙压脊砖则在收口处直接封口，没有翘角设置，这些都属于明以前的粗犷、简约风格。

全厝房间窗户均无精雕细刻，且样式简朴，多为直棂窗或破子棂窗，沿承宋代风格。全屋柱础均较小，样式古拙，少雕饰，具元末明初特征。房屋的木质表面，大多被灶烟熏得黝黑，这是数百年来前洋李氏家族香火传承的永久见证。

可以想象，当年后落院未分割出去，且西侧厝扇亦未倾塌时，李氏祖厝的规模和建制要远比如今的宏大和气派。从中我们也可以洞见出当年李氏一族发展的辉煌。

明初，前洋李氏接管了曾氏族产后，并不满足于现状，而是更加励精图治，大力创建宗族产业，不久，便财力雄强，闻名大东，盛极一时。李氏富足后，便把办学兴教，教育子孙作为长远发展的首要任务。几十年后，族中人才便不断涌现出来，明前期的"平乱将军"李应科就是其中的一个杰出代表。

前洋李氏祖厝，既经历了李氏家族的发展变迁，也见证了前洋村的悠久历史，并在一个定点上展示了前洋古民居的演变历程，堪称研究前洋历史文化的古民居"综合标本"。如果说前洋古民居被称为"五朝齐列一村寨，一眼望穿千百年"的话，那么李氏祖厝则可称之"五朝齐聚一院落，一眼尽收千百年"。

（吴谨）

余文龙故居

明代，朝廷严格限定了各级官员及百姓房屋的规模和格制，因此明朝民居建筑相对都较为低矮，内部装饰也比较简单。然而前洋余氏明代祖厝之一、天启赣州知府余文龙故居、今余泽陆厝，堂屋轩昂，装饰精美，显得相当豪华，这既透视出当年屋主的富贵与权势，也使此厝成为不可多见的明朝村居代表性建筑。

官帽形石门坪

此厝位于明代四栋排厝西侧，长方形，面宽22.3米，进深34.5米，二落厝。屋内全嵌方砖，天井统铺条石。正门木制，仿显贵府邸的将军门建制，宽约4米，高约3米。门前上方有遮雨檐，其两侧悬梁下有三层斗拱接精雕卷草花牙子雀替。门上框有八瓣花形门簪2个，表示屋主有7—5品官阶。门簪俗称"户对"，与门前两侧的抱鼓石（俗称

闽东第一梁——进宝梁

"门当")被合称为"门当户对"。此门门当已失。门板厚而硬实，左右两侧部分为隔屏，中间对开式门扇。此类门在县内十分少见，堪称古田明代将军门样式的标本。

进正门，到照厅，厅深3.7米，宽4米。厅前有两扇式照屏，古代除遇婚丧及高官莅户时用以出入轿、棺外，照屏是不得打开的。照厅左右两侧是下房。过厅后过雨庑廊，下一级精雕长石阶，到天井。天井宽约12米，进深5.2米，其中甬道沿厝屋中轴线由条石横铺而成。天井两侧各有书房2间。

过甬道上5级石阶，到主座。主座进深约9.5米，四扇五开间。正厅宽8.6米，进深8.3米，高8米许，气势宏伟。两侧各有5柱，廊沿柱础为方形，有雕刻图案，其余柱顶石为鼓形，无饰纹。厅堂头有明代几桌，样式虽古朴简单，却也有精美的雕镂装饰，富有品位。堂屏柱粗大，为全屋柱之最，柱础雕刻花枝。堂屏宽阔高大，上接额枋，枋梁间嵌镂雕十字花心八角格和斜格横披，顶梁上嵌精雕如意瓶，做工精良且保存完好，十分难得。正厅左右两侧有官房、耳房各数间。

大厅正中上方有主堂梁（俗称子孙梁），把持整座房屋的"风水"。此梁做工极为精美，上绘丹凤、牡丹、竹、鹿等图案，分别象征吉祥、富贵、平安、财禄，色彩斑斓，灵动逼真，其着色历经数百年而不褪。这根风水梁美轮美奂，为县内罕见，足称前洋古民居构件中之极品。

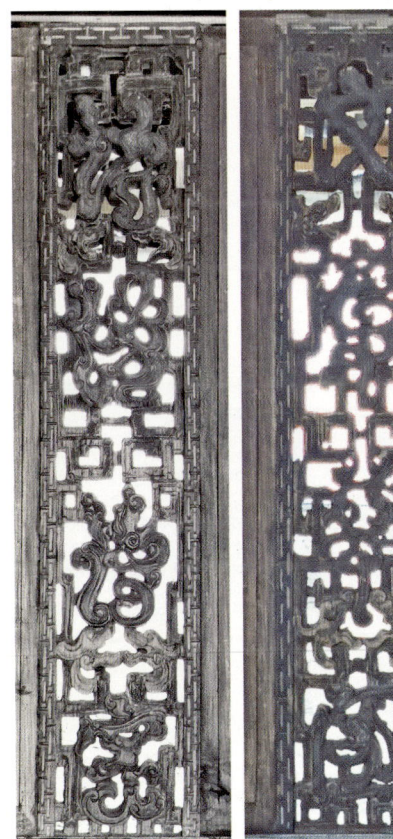

文章华国、诗礼传家屏风木雕（阮以敏 摄）

厅堂屏两边为进步，进步屏上嵌花字心扉，右侧字为"文章华国"，左为"诗礼传家"。过进步，经庑廊，到主座后天井，天井宽5.3米，进深6.5米至实墙。进墙门，至第二院落，院前为天井，深5步，左右两边为厢房。过天井上5级石阶，到后座，后座进深约5米，高二层，一层中间为小厅，两侧为厢房。

全厝屋内门、窗均有精雕心扉，或为人物，或为博古，或为花草树木、虫鱼鸟兽，俱惟妙惟肖，栩栩如生。屋内廊柱、厅柱上，有众多接梁斗拱、雀替，做工都很精细。内墙额、书房檐角

名胜古迹

雨挡等处，至今还保留有大量的石彩雕塑。这些都为厝屋增添了华美的元素，也体现了屋主当年尊贵的地位，雄厚的财力，高雅的品位。

据说，此厝为前洋余氏始祖余深嫡孙所建，传数世，出万历进士、名宦余文龙。

（吴谨）

天井下廊（阮以敏 摄）

魏家祖厝

从宋园遗址下的石板路向左折了个Z型,便到了魏孝钦老人家。魏家的大门和门罩都很简朴。进入屋内,其结构格局和其他的明清古屋大致相同,不见华丽。

进了大门便是门厅,两边有下廊间。天井很大,近7米见方,中间的通道直连五级石阶上正厅。天井边是回廊,两侧各有两间厢房,俗称书院。天井后壁只用乱石砌成,略显粗糙。

魏家古厝正厅(阮以敏 摄)

正厅宽敞明亮，深 7.6 米，宽 4.4 米。两边是厢房，俗称官房间，有墙弄，属大四榴。房屋的官房间上有低矮的小楼，大厅前廊左右两边有很窄的楼梯可上。大厅壁前部有一堵修成似门非门的板壁，据说这是明代房子的一种特色。大厅的梁、柱、枋、壁以及拱斗、雀替等装饰简陋，倒也古朴，这也是明代老房子的特色。整座房子的上部变得灰黑，连同用竹篾打底涂成白灰的隔堵都黑乎乎的，那是年代的烟尘所浸染成的苍老。

后厅靠后沟有很宽的后厅门，门槛很高。后厅和后厅间旧时称为北堂。后厅沟连着的后天井十分偪仄，紧贴后墙。这老房子的后墙外是上一条街弄四栋连排屋的大门道，道路与魏家老屋的后厅地面高差很大，这也可能是后天井偪仄的原因。所以魏家老屋的后墙也放不了后门。

这座房子在结构上有一个特色，书院虽与正座联体，却是独立结构，分上下层，门头墙两侧的墙体隆起成弧型，犹如大户人家的虾蛄墙。中梁的一端就架在墙顶上，一端连入廊墘下的柱子。

被烟熏发黑的梁柱（阮以敏 摄）

它的屋顶是硬山顶,双撇水,一撇向天井,另一撇向正座的榼墙,墙下另有排水沟。书院两层房披顶,上小下大,二层屋顶的雨水要流到下一层屋顶后再注到地上。二层小楼很矮,小窗户紧挨一层屋顶。要进书院二楼,也是从大厅廊边的楼梯上去。

仔细观察这座房子,梁间没有匾托灯钩之类饰物,柱子上还可见密密麻麻的挂镰刀的斑痕,多处木部磨损严重。可见这老房子的主人世代农耕,过着勤劳俭朴的日子。但他们的先祖在几百年前能建这么大的房子,也称得上创大业了。

目前,这座老房子只有魏孝钦夫妇两位老人住着。他们仍旧依恋着祖辈们家业,默默地守着一段乡愁。他也很希望我们也去写写这座老房子。我们没有因为这座房子没有雕梁画栋而冷落它,毕竟能从中品味出世事沧桑。

乡里人都说,风水也会轮流转。贫寒门第也自有人才出。新中国成立后,这一座房子的晚辈们,有人当了乡党委书记,还出了五位大学生,其中有两个半进了清华大学。其中魏赠应早年就考入清华,后来成为一名军事科学家。所谓半个,是指他们魏家有一位女婿也是清华大学的学生。

(江山)

一座值得怀念的古厝

该古厝建于明朝后期,是前洋村较古老的民居建筑之一。位于前洋村上横弄左边第一栋,门牌号:团结路七弄 27 号,为二进天井院穿斗式木构架民居,面阔五间,高二层。房子坐西北朝东南,呈长方形,进深 36 米,面宽 23.5 米,建筑面积约 1200 平方米。

(阮以敏 摄)

(阮以敏 摄)

该古厝为墙包栋硬山式燕尾脊屋顶,下厅的卷棚顶屋脊同是燕尾脊,翘角墙头,粉墙黑瓦,为典型的闽派建筑。古厝为封闭式四合院,纵向结构是大门、照厅、天井、大厅、后厅、后天井、后院。入门有下厅,五柱进深,卷棚屋顶,厅前左右两侧是下房,中间有两扇式照屏门。古时候屏门平时不得打开,遇婚丧或高官莅户,出入轿、棺时方可打开。下厅止步衔接天井,天井宽约12米,进深5.2米,全部由条石横铺而成。天井两侧有庑廊并建有四间厢房,即叫书房。走过天井踏上四级石阶及廊沿石到主屋正厝,中为厅堂,进深8米,宽4.5米,高约6米。厅堂左右各有大房,房进深5柱,横宽3柱,其后有小后厅及两侧的后房,前后房部分是主人的起居住房。厅堂和大房前走廊铺设巨大的廊沿石,全长18.9米,中间三条廊沿石长各5.3米,两侧连接1.5米至墙壁。墙两侧辟有两个小边门，可通厝外或邻厝。左右两边厢房与墙之间是楼梯和梯弄。正厅堂屏中间贴有一幅"松鹤延年"图，上挂"寿比南山"匾，分明是房主人做寿时布置的。一张木雕几桌，看上去还很见新。堂屏两边为进步屏，屏门紧闭。此门只有在老人仙逝出棺时才能打开。过进步，可见后厅铺有木地板，同样是卷棚式房顶，复有天井，井中靠墙边砌有1米见宽，6米见长的花坛，因无人管理，长满杂草。两侧有庑廊厢房。接着是一道后门墙与后院隔开，靠墙的庑廊和厢房处左右各有两扇拱门通到后院。后面建有一排二层楼房，作厨房、仓间、杂间之用。即有庑廊、天井。古厝配置均齐，又浑然贯通，具有前洋民居的共同建筑特征。

明代建筑装饰较为简单。古厝大门门框以砖砌为主，上下左右以四整块的大石板装饰，门前上方三升斗栱嵌入墙体支撑住遮雨檐，四方斗上略雕花纹，显得朴素大方。

屋内的装饰主要体现在小木构件上，厅堂与下廊斗栱、雀替、驼峰等木质构件亦雕刻有花卉、动物等，做工精美，形象灵动逼真，以象征吉祥、富贵、平安。厅堂上可见木制格扇门，格芯部分及诸房间木制窗棂，均以透镂花格木雕装饰。堂屏上接额枋，枋梁间嵌镂雕花格木雕横披。虽是简单的装点，却不失明代建筑简约端庄的风格。可惜的是该古厝年久失修，后天井左右庑廊边厢房均已倒塌，下廊右厢房已坍塌，左厢房也岌岌可危。屋子坍塌处及后天井和后院都长满了野草，一片荒凉破败景象，已找不回往日的容颜。

（朱振清）

前洋"余家大院"

古田前洋村的清代余氏"三栋排"厝位于村落中北部,占地约3000平方米,气势恢弘,原来厝前还有巨大跑马场,如今犹存遗址。排厝三栋的规模格制相似,建厝人为道光年间的余氏三兄弟余超元、余超理和余超杰。超元家以财气著称,善于经营,富甲一方;超理家以文化著称,家中多有举子,厝内至今悬有"文魁"匾;超杰家以武功著称,厝中原悬有"武魁"匾。

排厝右起第一栋(原余超杰厝),宏大而精美,乡人称之"余家大院"。此厝以形制规整,结构严谨,建造精良,更因从中走出了一位令前洋人引以为荣的副部级官员余养力而闻名遐迩,是前洋清代民居的代表性建筑。

余家大院大门

3. 出舆入辇（意指富贵门庭）；

4. 如意平安（瓶）；

5. 力稼穑，知节俭；

6. 田园之乐；

7. 五福临门（4蝠与1福）；

8. 耕读传家；

9. 书（书盒）香（香炉）门第；

10. 长寿（仙桃）无忧（拂尘）；

11. 必定（壁虎）多福（葫芦）；

12. 岁岁（穗）富（牡丹）足，山（陆生禾花）海（海生鱼虾）同丰；

13. 喜鹊枝头春意闹；

14. 吉庆（喜鹊）久长（菊）；

15. 必（壁虎）中一甲（鸭）；

16. 连（莲）中三甲（鸭）；

窗棂木雕

17. 鸟语花香（多图）；

18. 喜（鹊）上眉（梅）梢；

19. 苦（苦瓜）尽甘来，吉（鸡）事成双；

20. 百年好合【（鸳鸯）夫妻，（荷）和睦】；

21. 二甲（蟹甲）传胪（鲈鱼）,

22. 豆成兔肥（陆游诗句"豆荚成时兔正肥"，喻好时节）；

23. 连（莲）年太平（瓶）；

24. 天伦图；

25. 福寿图；

26. 瓜瓞连绵 龙子龙孙（负屃）；

27. 朱子观书（退太保）；

28. 祈福图；

29. 请神图；

30. 画龙点睛；

31. 田园大熟（松鼠）；

32. 心心（辛夷）相印（应和）；

33. 花开富贵，鸾凤和鸣；

34. 连（莲）年丰足；

35. 高（高粱）中三甲（鸭）；

36. 二甲（蟹甲）传胪（鲈鱼）；

37. 二甲（鲎甲）传胪（鲈鱼）；

38. 瓜瓞绵绵，世代封侯（猴）；

39. 富贵（牡丹）平安（瓶）。

（吴 谨）

余三江旧居

前洋村古民居颇多，带有红色意义的古民居也有几座，如位于前洋村和平路1号的余三江故居，就是其一。

该民居建于清朝中后期，面宽23.1米，纵深约36米，面积1000平方米，为典型的二进天井院，穿斗式木结构，建筑细部装饰精美，文化底蕴深厚。

实地勘测该民居，得到数据资料是：从大门到天井进深3米，中间隔照屏。天井宽7.7米，长4米，全部由大石条铺就，左右砌有圆形花坛，种有茶花两棵，高2米左右，树冠修成球形，树叶葱绿，花开时秀色可餐。由天井拾级而上便是正堂，深8米，宽5.5米，明堂敞亮。后厅深4.5米，宽5.5米，铺设木地板，并有回廊围着一个靠墙小天井，便于采光。井长5.5米，宽0.8米。回廊的左右两边有穿墙弧门可进入后院。院宽23.1米，深6米，盖有楼房，上下两层各有5间厢房，也有回廊、天井。院后有院，井后有井，这可是前洋村民居的特色。

该民居的装饰，采用了有限的木雕、泥塑构件。如天井两边

书房窗棂上饰以长方形镂空花格木雕，辅以花鸟虫鱼木雕花板。正房门上以花雕衬托"福禄寿喜"四字装饰。斗拱、雀替、驼峰等木构件雕饰精美，突出美观大方的风格。

泥雕则集中在屋顶照墙和两侧墙面上，照墙一幅"喜鹊登梅"浮雕，喜鹊与梅花造型细腻逼真，立体感强，栩栩如生。两侧墙面上饰以花草动物彩画。下廊屋面雨挡侧面浮雕，右边是虾、蛤和两朵牡丹花；左边是鱼、蛏及两朵牡丹花，同样是雕工精细，活灵活

（阮以敏 摄）

名胜古迹

现。内容出现海味，袭用沿海民居泥塑装饰，更加体现富贵花开、年年有余寓意。

正堂布置如平常人家一般，几桌、长凳，朴素大方。正堂左右两侧各有一道屏风，还是用镂空花格木雕装饰，风格与门窗一致。所不同的是，该民居是余三江早年生活过的地方，正堂的左右两面墙上，挂有六幅展板，展示余三江生平与前洋革命活动事迹。生动的内容，精美的展板，向人们诉说着有"红旗不倒"美誉的前洋红色文化，给人以庄严、肃穆的感受，让人心生敬意。

余三江，1942年1月加入共产党。后历任闽浙赣游击纵队第一支队长、第二大队长，闽东游击大队大队长，中国人民解放军闽浙赣人民游击纵队教导队队长等职。

这座古民居，其实也是他革命活动的一个重要据点。传统的文化色彩和红色文化色彩的相融合，使这座古民居更具特色。

（朱振清）

余三江革命事迹展览室（阮以敏 摄）

余作铭烈士旧居

马头墙雕饰

余作铭烈士故居位于前洋村落中部，建于清初，是前洋清代单栋民居中规模最大，建造精工且保存较为完好的一座，堪称古田古民居中的"典雅型"样板。

全厝面宽23.4米，纵深约44米，有三个院落，结构坚固。山墙硬山顶，封火墙顶部呈羊角状，气势嵯峨，两侧为马头墙，翘角刚劲有力。

面向正门，两侧山墙上部托撑垂脊凸出正面墙体，翘角吻部下方立面各有一副麒麟送子浮雕。浮雕下方向内侧削面各有一幅书法，黑底白字，内容右为唐代诗人项斯的《山行》诗句"山当日午回峰影，草带泥痕过鹿群。蒸茗气从茅舍出，缲丝声隔

水垱灰雕（阮以敏 摄）

竹篱闻。"左为刘禹锡诗句"清光门外一渠水，秋色墙头数点山。疏种碧松通月朗，多栽红药待春还。"书法题款为"凌云居士""问月主人"，疑为当时的屋主或余氏书法家。

正门与上述明代余氏落堂厝相似，但更为高大。进门，至前落厝，中间为甬道，进深3.65米至中门，再进2.1米到前落后墙门，墙门通第二落。此落院的总进深还不到6米，为何还设置个中门？原来后两落厝建在先，前院落是后建的，所以主人有意设个中门，将前院分为前后两部分，将前半院作为止步门庭，并把两侧仓房用于安顿长工、家奴，好让主院更加安全。前

厅堂对联

落后半院两侧为下房,为厨子、丫鬟居所。

进中院墙门,到过雨亭,亭两边有楼梯,通往二层。经雨亭,到石条铺砌的天井,天井宽8.9米,进深6米,两边是书房,其中南侧有两层。下层书房门、窗心屉为花字,为"福、禄、寿、喜"等字样,加以花纹修饰。过天井中间甬道上5级石阶到主座。

主座大四扇,五开间,七架梁构造。地面统铺斗砖,屋顶椽条致密。主座正中为大厅,厅宽8.9米,进深8.7米,高8米余,宽敞明亮,颇显大气。主堂屏前有几桌,几桌较明代更为实用,有两屉,两柜,底柜前浮雕花瓶等博古图案,古朴雅致。堂屏上挂中堂书画,额枋悬历代祖先神位匾额。大厅两侧有官房、耳房各数间,耳房外侧为梯弄,梯口处有边门。厅堂左右进步屏风各有长方形精雕隔扇一副,隔扇上下方分别是花纹和人物金粉画框,主扇以"万"字宫纹为底,右屏草书"学武侯谨事",左屏"法司马存心"(文字有缺破),俱涂以金粉。

过进步,到后厅,厅深5.3米,再前为天井,进深4步,达后院前墙。天井中有石板制花架及方形大花盆。院墙上原有巨幅壁画,已遭破坏,不存。院墙东西两侧各有一扇门,与天井两边走廊相接。后院为绣楼,进深约6米,二层。一楼中间为小厅,前有天井。天井两侧有扶梯通往二楼小厅,小厅两侧均有厢房。

厝内各房门、窗户、檐角雨挡、正墙内额等处都有精雕细绘,图案有松、鹤、鹊、凤、牡丹、鱼、瓶、桃、蝙蝠、鹿等,各有寓意,极尽美好之愿望。在西侧官房门上还镶有灵葫仙人托斗蝶

下廊窗棂木雕

形门扣,创意新颖,十分罕见。全厝现存旧挂板联多幅,其内容丰富,立意高雅,如:"天开锦绣三台瑞,日照乾坤五凤祥""门前山色水声莫非书意,帘外花香鸟语便是诗怀"等。

所谓钟灵毓秀,数百年来从此厝中走出了许许多多的俊彦贤才,文韬武略,彬彬济济。民国时期,这里更出了一位闽东知名的优秀革命者、烈士余作铭。其事迹在本书的"红色记忆"篇章中另有介绍。

(吴谨)

文魁人家

团结路七弄是前洋村最古老的街巷之一,右起第四幢门牌25号现为余家新队等兄弟所共有,与余氏祖厝、余文龙故居比邻。

房屋坐北朝南,背靠大青山,面朝金牌洋,左山蛤蟆伏水,右山石鸟朝食,为子孙四季平安、丰衣足食之意。门前轿坪横向五块、纵向两块长形条石铺砌,面积6平方米。大门宽敞,约4米,一根长形踏步条石4.6米。木质门槛高与膝齐,这是中国传统建筑中必不可少的一部分,是家居风水重点。每个人在进出门口的时候都要跨过脚下的门槛,明确地将住宅与外界分隔开来。从实用价值讲,起到缓冲步伐、阻挡外力作用。同时,门槛还既可挡风防风,又可以把各类爬虫拒之门外,阻隔外界灰尘、积水

(阮以敏 摄)

（阮以敏 摄）

直接进入。从风水学讲是聚财聚气，阻挡外部不利因素进入家中，而且大门地上接缝有缝隙影响夫妻感情、家庭和睦，必须通过门槛补齐。大门上方一对圆形门簪很是精美，除了起连接和装饰作用之外，门簪纹饰也能够起到镇宅、辟邪的功能。这其中还有颇多讲究：

（阮以敏 摄）

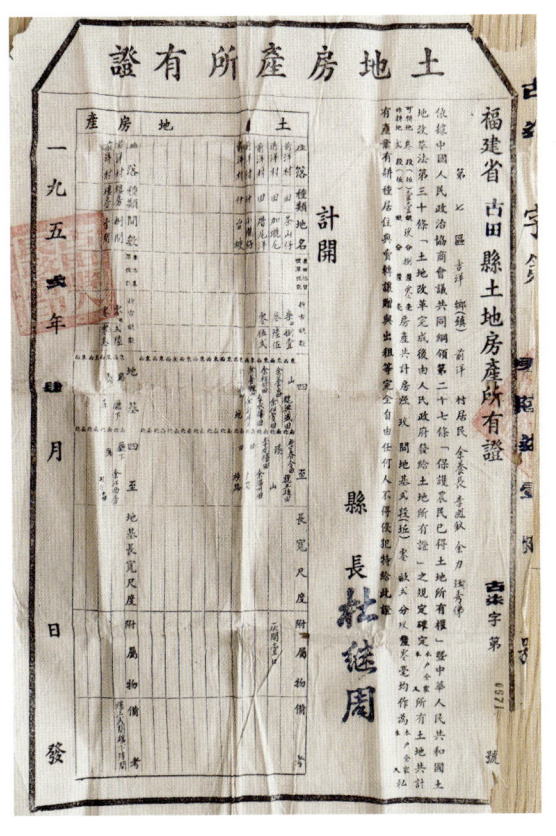

圆形为文官，方形为武官，大小数量与官品大小成正比。这时候的门簪就已经不简单是为了实用了，它还彰显着宅院主人的身份等级和地位。大门上方悬挂"文魁"牌匾，可惜匾在1967年被毁。

大厝四扇三天井式院落，雕梁画栋，古朴典雅。四周主墙起翘马头，青瓦盖屋，意为天马行空，青云直上。室内进深36米，宽15米。

进入大门有照厅屏障，天井深5.5米，宽7米，中为五级台阶向上，左右条石花架各一，下廊左右厢房各两间，屋面四水顺接井厅，前厅出水向右，后楼出水向左，为愿后人左右开路，财丁两旺之意。主房轴中不设楼层，便于神祖降福，也示生活无压迫，子孙易出头。大厅及右右边柱挂八对木刻对联。厅堂构造木质考究，两侧各有两开间，官房间宽敞明亮，门窗花鸟精雕细刻，栩栩如生。屋檐下挡雨墙彩绘动物山水，因年代久远已模糊不清。官房两侧通弄直达后厅，另有木梯通往二楼。全屋厅边廊沿以及前后房都有披廊作避雨避阳通道，大厅左右拱门通向左邻右舍兄弟家族，生活沟通十分方便，即成整体布局，又可各自为家。大厅对联"治世有两机织文织锦，居家唯一鼎调藻调梅。"告诫子孙后代治世以读书为本，居家需琴瑟和鸣，充满家国情怀。左右凌窗障屏，正厅有"传家唯孝友，许国有文章"板联一对，阐明孝顺父母，友爱兄弟乃传家之宝，报效国家需文韬谋略，可谓为余氏家族家风家训。另有对联也各具才气，如："匣中剑气摇山岳，座上珠光射斗牛。""书千卷酒千盃春存蝌蚪，名二苏才二陆人羡夔龙。"

但因地基不方，结构也不尽协调，房屋显见下院左小右大，官房两侧通弄左大右小，直通后楼大门偏右朝开。后厅两进计18米深，厨房、膳厅分散其间一层，仓室在前后楼上。

33世余能生，为人厚道，勤守家业，在本宅下院前经营小京果什货店，立号"宝泰"，有40余亩私田。后因本店票据被外人充假，资金流空，被迫关铺停业，由此家道中落，以农耕为业。35世余际玉，清雍进士。37世余养恭，13岁出门学艺，木工技术精湛，1958年建古田新城为木技工，先后13次得奖。37世余养体，参加了会泽、下关、大

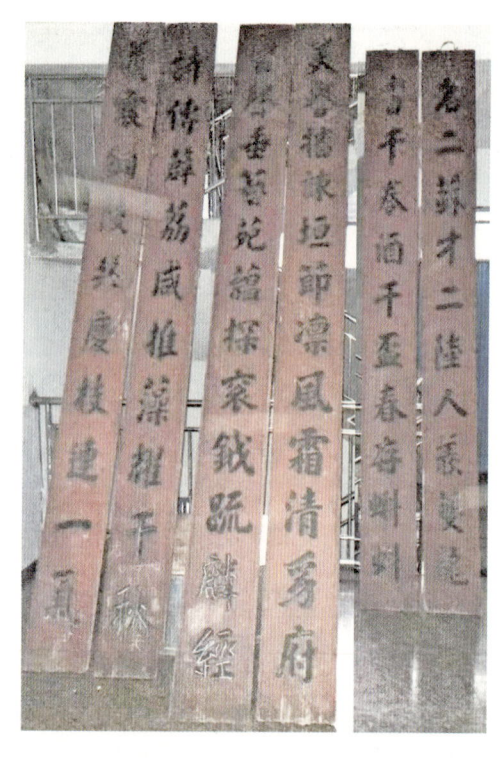

木刻楹联（阮以敏 摄）

理等地区水电站建设,获评云南省劳动模范。38世余新排,1949年1月参加闽东北游击队,同年7月加入中国共产党组织,后历任建宁县公安局副局长、商业局长、县委常委、县革委会副主任兼组织部部长,三明市技工总校校长兼书记,荣获福建省先进教育工作者称号。38世余新富,曾任古田聋哑学校校长,获"全国特殊教育先进工作者"荣誉称号。

其《余氏家谱》有一细节特别引人注目,附录部分特列《敬记病史》:"观察本血系近代人员中,见患有……望后多加防、检、治。提醒从平常生活中抓起。"可见家谱编写者对其家族病史、健康防治的高度重视。

2000年清明节,三十八世余新队(延平区老区办原主任)带领家族亲人回故里祭扫,感慨万千,写有《故居赋》一诗:"弧间矢每代操持,堂前仿佛从前时。思意回故怀先祖,带雨进园观天池。堪喻正心真得礼,回眸勤奋志莫移。妙思当年争胜负,挽强尚可各自宜。前人垂尽资筋力,而今相忆常一提。"表达对先人的怀念,对后辈的勉励。

(阮以敏)

举人厝

在前洋古民居中,挂有文魁牌匾的人家,便是位于前洋村和平路17号的古厝。该厝建造于清朝道光年间,为二进天井院穿斗式木构架民居,面阔五间,屋高二层。房子坐西北朝东南,呈长方形,进深43米,面宽22.8米,建筑面积约1320平方米。

该厝是余家三兄弟一起建造的三栋民居之一,位置居中,三厝相连,布局严谨,开合有序。门前原有巨大跑马场(现为月湖)是余家习武跑马骑射之处。

举人厝门厅

选址讲究,"祥光凌北斗,瑞气接南山",偏左方是金牌山,正前方是文笔山,后面北斗山,左边鲤鱼山,右边纱帽峰。院内名人辈出,在清朝时出过武魁和文魁。

古厝为墙包栋硬山式屋顶,白墙翘角,形象壮观。纵向结构与前洋众多古民居一样,同是大门、照厅、天井、大厅、后厅、后天井、后楼,建筑装饰较为简单。

其正门用整块的石板条搭建而成非常大气。上方三升斗栱嵌入墙体支撑住遮雨檐,栱斗和雀替略加雕饰,朴素大方。大门顶上嵌有砖雕,排序从右到左刻有"喜禄福寿"四字。

下厅两扇式照屏门上,挂着保留至今光绪年间的"文魁"牌匾,上款署"监临头品顶戴兵部尚书闽浙总督部堂兼管福建巡抚事卞宝第、监临头品顶戴兵部尚书调补陕甘总督前闽浙总督兼管福建巡抚事杨昌濬、代办监临内阁学士兼礼部侍郎衔福建督学部院陈学棻为",下款署"光绪戊子科中式举人第八十八名余德馨立"。据房主人回忆,过去下厅门屏背面上还挂有一块武魁牌匾,"文化大革命"时期,来了一帮造反派,进门后到处搜,口里喊"要文斗不要武斗",把武魁牌匾拆下拿走了,结果不知所终。小时候还见过武举用过的关刀,记得很清楚,刀长约有1丈多,刀柄有小酒杯那么粗,关刀很重,两个大人才能搬得动。1958年"大跃进"运动时期,关刀被人抬去炼铁。有关武魁的文物现在都失传了,留下的只有后人的记忆。

天井全部由条石横铺而成。中间左右两边砌有花坛,种有两棵桂花树,高二米左右,树冠椭圆,叶色葱绿。庑廊边统一砌大条石内铺方砖。左右有四间厢房。

厅堂前走廊铺设巨大廊沿石,正厅为泥土地面。正房两侧封火墙有两个小边门,可通邻厝。正厅堂屏中间挂着多个房主人照片镜框。一张木几桌,漆成红色,看上去还很见新。堂屏两边为进步屏,屏门不加装饰。

通后厅还设有门户,一般古民居很少设门,此是一家,比较鲜见。其后有小后厅及两侧的后房,前后房为主人的起居住房。还有天井,井中建有防火池,一池泉水,清可见底。两侧有庑廊厢房，靠后墙建有一排二层楼房，作厨房、仓间、杂间之用。

屋内的装饰不多，主要体现在小木构件上，厅堂与下廊斗栱、雀替、驼峰等木质构件亦雕刻有花纹，厅堂和下廊可见木制格扇门，格芯部分及诸房间木制窗棂，均以透镂花格木雕装饰。堂屏上接额枋、枋梁间嵌镂雕花格横披，还有柱础石雕花纹，都是简单的装饰，彰显了房屋简约、大方的风格。

据说，该厝细部装饰之所以简单，这里面自有缘故。当年余氏三兄弟超元、超理、超杰团结齐心，要共建排厝，光前裕后。商量好时间一致，地址相连，格局统一。但财力不同，长兄财足，三弟次之，二弟略逊。超理家虽是儒雅文人，但限于经济条件，建房所备资金不多，主体刚完工，就发现后续装饰资金不足，愁眉不展。其妻得知，就宽慰丈夫说，置业不易，你能建好房屋主体，我已经很满意了，装修的事也让我出点力。说完回房，收拾所有细软、金银首饰和积蓄，全部交给丈夫。得到夫人理解支持，超理用有限资金，节省开支，装修从简，才把房子修缮完毕。至今房子厅堂那泥土地面，都没有铺地砖、三合土，就是留着告诉子孙，余妻懿德持家的故事。

"两魁"门庭，懿德传后。这就是该民居耐人寻味的地方。

（朱振清）

古街巷和古炮楼

前洋古村落依山托势而建，明清、民国古民居依次错落有致排列。斑驳的老墙，镂空的壁窗，静谧的街巷，空旷的古宅，充满了时代的沧桑感，承载着不同历史时期的信息和历史演变的密码。弯曲悠长、精光滑溜的街巷路面，掩藏着岁月的痕迹，闪烁着历史的光泽，记录着动人的故事，吟唱着古老的歌谣。

古村多条完整、连续的东西走向传统街巷，呈阶梯式分布。街巷阡陌纵横，空间蜿蜒曲折，宽度大约在2—4米左右，两条南北走向的古官道一左一右环绕着古村落，将整个古建筑群贯穿成一个整体。所有街巷路面都以鹅卵石或青石铺砌，中间衬以长形条石（俗称穿心石），便于路人行走，极富韵味。多座古民居前建有轿坪，明显是非富即贵的大户人家。

由于没有统一规划，古街巷长短不一，自北往南，由高向底，主要街巷有：团结路、团结路7弄、团结路5弄、团结路3弄、团结路1弄、和平路、中兴路东八弄。

其中团结路老街曾有两家商铺，极具商业气息，李氏祖厝坐落其间，因历代修葺，兼具宋、元、明、清、民国五朝风格特征；团结路7弄，全长近百米，余氏祖厝、余文龙（明万历二十九年进士、江西赣州知府摄兵备道）故居等明清建筑都在这条古街。这条古街曾有多家商铺，有油行、酒肆、客栈、绸缎店、药材铺、糕饼店等。古官道边的一座双层商铺最大最繁华最具特色，体现了古老文化与商业文明的交融，是多元素的组合。弄口便是有名的讲书堂，这里不但有说书的，还有宰牛的，做光饼的，卖零食

时尚邂逅古厝（陈永诚 摄）

的……当然最多的是看客，这里是村民闲暇时光的聚集之所，精神乐园，可以说这条古街最富文化内涵；团结路5弄10号是魏氏祖厝，现已修葺一新，成为前洋革命历史展陈馆，记述在抗日战争、解放战争期间，前洋革命志士为革命事业前赴后继的英勇事迹；团结路3弄虽然不长，但笔直且老屋、古道极具年代感、沧桑感，非常适合拍摄电影，还有一口明永乐元年（1403）挖凿的室内花岗岩护栏圆形古井，在断垣残壁之中，显得突兀而凝重；和平路是唯一从村东贯穿到村西的街巷，东面道路笔直，全长100米，有余家大院等四栋一字排开的清朝民居建筑，院前有古井、半月湖（曾为跑马场）。过金水溪石拱桥便与南北走向古官道交叉，道边有座有名的双层"担回头"古客栈，曾经因地处中心、交通便利而生意兴隆、财源广进。西和平路及其支路，有方形风水池、闽派电影基地（曾为私塾馆）、余魏宗祠、余三江故居等；中兴路东八弄主要有革命烈士余作铭故居，为清初建筑，是前洋村现存规模最大、保存完整的古民居，建筑细部装饰精雕细琢，文化底蕴极为深厚。

前洋古村另一特色是古炮楼众多，呈"回"字型结构，3—4层建筑，占地面积都在12平方米左右，高10米上下。四周厚墙，有瞭望窗和枪眼，窗口内大外小，易守难攻，有的炮楼顶上还有瞭望塔，可观察四面八方，这是古村的主要防御工事。当年由于兵荒马乱，土匪横行，村民为了防盗防土匪保护村庄平安，建筑了这些最有效的攻防兼备的炮楼。历史上前洋村曾有九座炮楼，显示了古村的富庶与实力。因年代久远而消失了四座，现有五座炮楼保存完好，分别是：和平路15号余养素家一座炮楼位于后院

（阮以敏摄）

（阮以敏 摄）

北侧，余养素1942年1月加入中国共产党，1947年夏季回前洋开展革命活动，开展武装斗争。后任尤溪县政协副主席、党组副书记；中兴路东八弄78号，金水溪边的余仲德家两座，分别位于房子北侧和东侧。余仲德是前洋村中共地下党的工作者，从福州回来以创办前洋小学和担任联保主任为名（"白皮红心"），暗中发动本村青壮年开展革命活动。其妻陈尧甸也为革命工作，她的家是前洋地下党开展群众工作的一个基点；中兴路东六弄20号余剑辉家两座，分别位于房子西侧和北侧。余剑辉家大门有青石雕刻对联一副："聚族而居择善以处，依仁成里与德为邻。"横联石刻：春满吾庐。择善以处、与德为邻实乃为人处世之要义。一栋高宅大院，修建两座炮楼，实为少有。

前洋村古民居、街巷、炮楼等建筑能够如此完好地保存下来，首先得益于20世纪80年代末90年代初灵活的农村土地政策，当时很多一栋老屋住有十几户人家，五六十号人口，已是拥挤不堪。

逐渐富裕起来的村民亟须改善人居环境，村干部抓住机遇，划出平坦洋面良田，按人口批给宅基地，供村民另建新居，于是多数村民搬离了古老的民宅，古民居得以幸免于被改造破坏的命运。况且一栋古民居人口众多，意见难免不一，改造后无法分配；其次，古村地灵人杰，人才辈出，受传统思想文化熏陶，村民思念先祖创业维艰，心怀敬畏之心，遵循祖训教导，祖宗基业不可损坏，有强烈保护意识，每

（刘振茂 摄）

有破损，都只做零星保护性修缮。即使很多人已外出发展，依然每年带领子女晚辈返乡祭祖，及时修缮缺损老屋；其三，村民生活安逸，喜居世外古村。习惯于"日出而作，日落而息。"不受浮华外界侵扰，可以每日流连于古街古道，享受乡土乡情。

　　前洋古村，这是一片看得见青山，留住了乡愁的故土！

（阮以敏）

前洋私塾

私塾馆内捷报（阮以敏 摄）

一个小村落，人才辈出。其中仅仅余氏一个家族，自明代后期到清末四百年间，居然出了百名秀才，而从秀才中擢秀为贡生、监生的就有46人；再从秀才中考举人的多达11人；跻身科举宝塔尖成为进士的也有3人，李、魏两家也代有人才出。如此雨后春笋般人才辈出的现象，在全国广大古村落中也是极为罕见的。

前洋科举人才何以如此之多？有人归结为前洋风水好。诚然，前洋处于相对宁静的山区，近似世外桃源，天灾人祸少，宜耕宜

余家私塾馆一角（阮以敏 摄）

居，确实有一个得天独厚的育人环境。但最根本的还是前洋人在这里世代承传重教育人的优秀家风而结成的硕果。前洋早期私塾，可追溯到明代。前洋李氏四世祖、武贡生出身的李应科，他是平乱将军，解甲归田后就回前洋办了私塾。同样的，前洋余氏余文龙晚年回乡购置"油灯田"办私塾。这种办学模式一直得以延续。

以余氏为例。前洋余氏重教育才，得余氏先祖一脉真传。前洋余氏始祖在杉洋。始祖余焕开基杉洋，为了家族的立足和兴旺，就懂得重文习武；余氏五世祖余球辞官归里，办了养蒙室，这便是最早的私塾，用来训诲本家子弟；六世祖余仁椿解组回乡，办起了东斋，属余氏大家族性质的私塾，后来发展为全村共享的闻名八闽的蓝田书院；南宋时，朱子来蓝田书院讲学，杉洋成为先贤过化之乡。余氏十二世祖、朱子门人余隅、余范又兴学于西斋（擢秀斋）传承理学。他们都为余氏兴学育人开了先河，树了典范。

成才在教化，教化在兴学。前洋余氏支脉，由杉洋而芝山，由芝山而前洋，孙枝茂盛，源远流长，重教兴学的理念则代代相沿。前洋人以勤耕奠定了物质基础，便以耕读传家，以诗书继世。私塾便成为前洋几大姓氏家族最基层的私人办学模，也是前洋三姓氏子弟进学的基石。

余文龙告老还乡后曾回到前洋，捐出一份俸银，为余氏家族购置了一份"油灯田"，以田租收入供本家子侄辈读书。

余文龙故居东侧有一座古楼房，楼下为店面，楼上一个小厅堂，这便是余氏早期的私塾。在这个私塾馆的老房子里，还发生了这样一个故事。道光年间，从私塾馆一直读到县学的余文龙家的一位晚辈，考中了秀才。他的父母去世早，他的妻子比他还大3岁，很贤惠，秀才在外读书，当家理计全靠她。妻子希望他不要再去求功名，在家守着旧家业好好过日子。但是，这位秀才一心一意要去考举，便到福州府继续苦读，数年不归。他的妻子一人苦苦操持家业，又担心他身体羸弱在外吃苦，也怕他在外漫惹风尘，野了心不顾家，所以对他怨恨在心，夫妻间积怨越来越深，视同陌路。

道光丙子年，这位秀才参加是年科举考试，

李家私塾馆

居然中了举人。他正在省城与文友们欢聚作乐，而报喜的衙役们为了讨赏钱，却一路吹吹打打，早早来到前洋。一到村口，便鼓乐齐鸣。照理，余氏的家人要去接捷报，安排酒席，给报喜的衙役们发赏钱。但妻子不见丈夫回来，更是一肚子气，躲进房间，关紧房门，任外面闹翻天就是不去接待。好在她的婶婆一家出面帮她张罗，才应付了这个尴尬的场面。这位新举人知道家里发生了这件令他羞愧难当的丑事，一气之下，患了一场大病，不久后竟然与世长辞，为后人留下一段悲剧。

从清末举人余瑞镛有关资料看，余氏后人余瑞镛就是从这个私塾走出去的拔萃人物。从余瑞镛开列的授业师名单中看，这个私塾有外聘的塾师，如邻村卓洋村的秀才黄文炳、黄祖香等。同时也有本家儒士担任塾师，瑞镛的叔父选卿和笛仙，都是秀才出身；还有堂兄掄元，拔贡出身。他们本身也是从这个私塾走出去的优秀人物。除了余瑞镛，在这个私塾受业的当然还有余瑞镛的胞兄弟、堂兄弟、胞侄、堂侄等。他们之中如余森、瑞岐、葆真、葆琛、际孔等都中了秀才。

在这个私塾的墙壁上，贴有不少在县试、府试、院试科考中榜上有名者官府给他们的捷报，可惜破损严重，难以辨读。其中一份捷报依然可辨，是余鸣鸾府试第一名，入选为附贡生。还有一份是科考录取入泮的捷报，入泮者为林善金，可见在这个私塾读书的不仅仅限于余氏子弟。

历史上前洋余、李、魏各大家族都设有各自的家塾，在自家的后楼或下廊的书院，或另有别墅。据老一辈人回忆，李氏私塾就有两三个。讲书堂下方有一块荒屋坪，就是当年李氏办私塾的阁楼。这个私塾还是合村性质的，余、魏子弟也可在其中求学。在元代李氏祖厝的后面有一座楼房，楼上也办有私塾。李氏私塾

旧小学堂校门

一直延续到新中国成立之初。当时,李氏私塾有一位学识渊博的跛脚塾师叫李森梨,通"易经",还能当医生。他教育有方,凡学生考试考得好,便在这位学生的手心上用朱笔画一个圆圈,喻意是奖给学生一个蛋,这当然是画饼充饥式的奖励。不过,学生可以凭着这个"蛋",回到家里向母亲要一个真蛋来奖赏他。有时家里没有蛋,他就等到母亲给他蛋吃的时候,才把手掌里的"蛋"洗干净。

除了家塾之外,合族也借宗祠办学,李氏宗祠、余魏宗祠都曾经是办私塾的场所,供本族子弟就读。后来,这些场所改为办乡村小学。在余魏祠堂的旁边,后来盖了一座校舍,与当年办学的祠堂比邻,它是前洋村全村近代一所完善的农村小学,也算是古村文脉相沿的象征。

前洋的私塾,为一代代子孙铺出了第一块踏进士林的基石。前洋的学子们从这里走进县学、府学,又一步步迈向仕途,私塾功不可没。虽然它早已成为历史,但仍有许多值得怀想的东西。

(江山)

讲书堂

所谓讲书，就是讲故事。它是旧时乡间最简单也是最常见的文化活动。乡间讲书，不同于"评书""平话"，不用场景道具，不带有艺术表演形式，一群人围坐在一起，听一个人说，很自然随意。

讲书人都是自愿行为，没有报酬。一个乡村，都会有一两个善于讲故事的人。讲书和听讲的时间当然都是三余闲暇，即夜间、雨天或冬闲大冷天。这样的时间才有人讲，也才有人听。

讲书的地点一般是街头巷尾较宽敞的店铺或民居的大厅堂，没有固定场所。但前洋村却有一个专门讲书的固定场所，名叫讲书堂。讲书堂是一个二层楼面的

讲书堂（阮以敏 摄）

讲书堂内景（阮以敏 摄）

大厅。这座二层楼建在金水溪边，二层的大门紧挨村大道。楼面很宽，有约100平方米，除了一家光饼作坊，做点小买卖，其余空地很多。讲书堂的底层有个私塾，只有几个学童。讲书堂的南面原先也有一座二层楼，同样紧挨大道，也办有私塾。白日里私塾馆书声琅琅，夜晚讲书堂谈笑风生，这里真是前洋村的一处亮丽的文化景观。

前洋讲书堂其实也是当时村里群众的文化活动中心。未必每天都有人讲书，但凡闲余时间都会有人在这里歇脚。喝茶、抽烟、下棋、打牌，买块光饼吃、海阔天空地东拉西扯，甚是热闹。有会讲书的人来了，就请他说一段。

讲书堂里爱讲书的人，讲的内容很繁杂，有专门的长篇故事，如《封神榜》，分好几个晚上才能把一个故事讲完。讲书人也有成就感，看看时候不早了，也爱卖关子："欲知后事如何，且听下回分解。"有讲零杂小故事的，也讲本地戏文故事，如《甘国宝与王莲莲》，还讲发生在本地的新闻、人物典故、笑料、鬼怪之类。讲

名胜古迹

书堂没有专业的讲书员,都是一些有点文化,平时爱看杂书的人,来这里自我表现,谁爱讲就讲,像当年私塾里的塾师李森梨就是讲书的主角。李文杰先生的祖父、父亲都是塾师,也善于讲书。

讲书堂也是群言堂,"攀讲",三言两语,也有人会唱闽剧,来这里很容易消磨时光。有关乡风民俗的事,也会在其中议论,这里还颇有凝聚力。

讲书堂里当然也会发生一些有趣的故事,供人当笑料谈资。有一次,做光饼师傅听讲书听到凝神,把光饼烙焦了。有一位村民每天晚上都要上讲书堂闲坐。这天晚上,天下着大雨,他躺在床上老是睡不着。家里没雨伞,他爬起身,头上顶着一块竹笏,冒着大雨到讲书堂一看,门都上闩了,里头黑洞洞的,他回到家里,这才安稳入睡。

新中国成立后,由于文化活动的内容丰富了,公共活动场所也多了,政治气氛也浓了,讲书堂也就渐渐衰落,以致消亡,最终只成为被人遗忘的遗址。其南面的私塾馆也早已夷为残基废础。只有老一辈人还能道出当年的盛况来。好在如今讲书堂又修葺一番,为后人留下一段美丽的乡愁。

(江山)

前洋旧教堂

前洋古教堂，坐落于前洋村风水池畔的和平路3号。右为正座，左为僻舍。正座为四扇三开间，两层楼土木结构，正面原为木结构，一层下部为固定木板，上部为活动鞘板，现为土墙，二层设有木挑廊，站立挑廊向前方眺望，一池清水，满眼风光。古教堂右倚古民居，前、左、后道路环绕，呈梯形状，总建筑面积约200平方米。

前洋旧教堂

教堂创办于清末1885年,由美国美以美教会传教士来此地巡回布道,地点设在旧教堂,取名为救世堂。据《古田基督教志》记载,前洋教会"历任传道牧师有:林仕永、陈文畴、陈登玉、林树寿、周兴生、李光苕、钟加佑、余泽敷、陈良训、陈必达、林蒙恩、林守美、黄际理、阮树棠、李善忠、程玉聚、陈光洋、萧仁美、阮寿真、刘长佐等。余淑心为省会教区长,两度举为美国总议会代表,福建协和医学院教务长。

民国五年(1916),教堂选择新址,坐落于金水溪畔,村中桥旁,建筑洋式圣堂,窗户安装玻璃,设百叶窗。左边为聚会厅,右边为生活区,占地面积240平方米,建筑面积约为200平方米。

1936至1946年的十年间,泮洋乡大墘村吴恒宝牧师,在前洋教会服务十几年。吴牧师是中共地下党员,他以牧师的身份,支持党的地下工作,为革命培养人才,是一位"红色牧师"。

前洋教堂虽然是基督教信士传教之所,但它却是一个地下党秘密联络站,踊现出一批爱国人士。余三江以教堂作为掩护,辟为红色革命据点,培养了一大批革命志士。当年曾在本教堂活动过的领导和革命志士有:左丰美、黄垕禹、刘捷生、杨兰珍、余泽波、余仲光、余志敏、余作铭、余三江、余养素。

新中国成立后,教堂被村委会用做大队部、劳力食堂、茶厂、知青点等,宗教活动停止。1984年经宁德地区宗教局批准,收回教堂归还教会。

(阮养进)

白马王庙

据史料记载，汉闽越王传至孙辈季子寅，季子寅英勇善射猎，好骑白马，军中称为"白马三郎"。三郎为了保境安民，因杀猛虎、射鳝精而牺牲，福州东郊一带村民感"白马三郎"的恩德，在村中建庙奉祀，白马三郎为神，称白马王，庙称白马王庙。据传，白马三郎殁后成神，仍经常显灵，百姓求雨、求福消灾，十分灵验，能护卫一境安宁。后来，一些地方便到福州东郊祖庙请香接火，也在当地建白马王庙。

（阮以敏 摄）

前洋村兴于宋，盛于明清。余、李、魏三姓先后在前洋落堂，和睦相处。为了祈求合境安宁，三大姓族人合议，也在本村西溪山边吉地建白马王庙，祀白马王为前洋合境的保护神。始建于明末的白马王庙为歇山式土木构建，白墙黑瓦，斗拱飞檐，庙貌不凡，内奉祀白马王等神灵。到了清嘉庆间，因年久失修，余氏族贤国瑚、国琏族贤，李氏族贤廷标、廷极，魏氏族贤成桂、成楷，联手带领合乡民众鼎力修葺，至今已二百余年。日月更替，风雨交浸，白马王庙又岌岌可危。2015年，又赖前洋三姓族贤及广大民众集资重建。现今的白马王庙，深8.5米，宽9.44米，高3.3米，仍为歇山单檐式建筑，屋内木架结构为四柱穿斗式，飞檐翘角，红墙琉璃瓦，屋脊以双螭压顶，四翘角各一条摩羯鱼凌云欲飞，庙貌庄严，焕然一新。

前洋的白马王庙的白马王，被前洋民众祀为合境保护神，白马王庙也成为前洋的一处胜境，同时，它也见证着前洋余、李、魏三姓和睦相处，共同兴旺与繁荣。

（于理为）

金狮公殿

金狮公殿位于村头金水河上游的古官道旁,建于石崖上,坐北朝南,三米见方,高两米,顶上四个瓷质翘角与中央葫芦状装饰相连接。小巧玲珑、淳朴简约的殿体掩映于树木的浓荫之下。

古官道右边有石阶直上殿门,门前有七八平方米的土坪,左前方有个简易的焚香炉,土坪东侧有石头凸出,极像一只蟾蜍伸首眺望远方,眼睛、嘴巴、下颌栩栩如生。

现今殿门贴着一幅纸质楹联,上联:庙外山川千古秀;下联:殿内香火万年兴;横批:

(陈兴锦 摄)

圣德昭彰。土坪上三级石阶进入殿里，正面的供桌上供奉着金狮公神像，金狮公手执神器，显得十分英武。

据传，金狮公在前洋炼金多年，为村民们做了不少好事。金狮公走后，村民们为了感念他，就建了金狮公殿。而金狮公对前洋这一方水土一方人也有感情，经常显灵，继续为村民们排忧解难，诸如镇妖驱魔，扬善惩恶等。而金狮公最拿手的绝活就是能掐会算，谁家丢了家禽家畜或什么物品，他只要掐指一算就知道所以然，按照他的指点便能轻而易举找到所失之物。那么，村民们如何将消息告诉金狮公呢？

据说，原来在金狮公殿的右下方的古官道旁有一块巨石，一个下雨的晚上，一声惊雷，把石头劈开两半，一半留在路边，一半滚落到金狮公殿左边隔着古官道下面的金水河中，高约1.8米，顶部斜平面，西高东低，侧看如金元宝形状。据说这个"金元宝"很灵验，如果谁家丢了东西，只要把它写在一张红纸上，包三炷香，放在石顶上，压上小石子。金狮公晚上就会托梦告诉你所丢之物在何处，第二天果真就可找着。

金狮公殿，背靠参天古木，四季郁郁葱葱；前瞻千家宅院，代代生生不息；左依肥沃田园，岁岁五谷丰登；右傍古官道，下有金水河，潺潺清流不绝，真乃难得的风水宝地，亦乃富有神秘感的清幽之景。

（陈兴锦）

前洋古井

凿井取水，是古代农村居民安全用水的重要标志，也是乡村姓氏宗族生存发展、血脉延续的基本条件。如今，水井的文化意义已经远远超越了她的功能意义。"井"作为一个文化符号，她最常见的意义是代表家国故园，自古以来，就有"九夫为井，四井为邑""背井离乡""乡井"等说法。在人们的传统观念中，井被视为"命根子"，被赋予了深沉的乡土文化情结，一口水井成了故土的象征，而他乡的一碗井水常常让人滋生离愁别绪，思乡之情涌上心头。

在古田前洋村，现存7口古井，其历史贯穿宋、元、明、清、民国"五朝"，各井也因开凿的时代不同而各具特色。千百年来，那永不枯竭的甘甜井水哺育了前洋世世代代的居民，那些古井也成了前洋社会发展的见证，古村文明的象征。下面，着重介绍其中三口具有代表性的水井：宋井、明井和清井。

宋　井

宋井，即宋代曾家井，始造于北宋乾德年间（963—968），为前洋先民曾氏家族所凿建。井位于村中北部，宁古瓯古官道东侧坡下，金水（金狮公）溪边。是前洋古代居民的重要饮用水水源，

(陆开松 摄)

也是当年往来于官道上的官吏、兵将、行商、旅客以及"担回头"挑夫的主要取、饮水处。井呈长方形，长2.28米，宽1.28米，深0.88米。宋井紧挨金水溪，但神奇的是，无论溪河里的水如何随晴雨而出现清浊变化，都不影响宋井中泉水的透底清澈，这见证了一句古语："井水不犯河水"。

明　井

明井，即明代李家井，修建于明永乐元年（1403），位于村落东部，"风水池"西北面百米许。井位于厝墙内的空地上，井坪为条石所砌，占地约10平方米，井栏用花岗岩精琢而成，呈圆

(阮以敏 摄)

筒状,高0.6米,外径0.96米,栏厚3寸许,南侧残破缺失,底部以砌砖围之。北侧石面上方阴刻"万古永清"四个大字,字体清秀,灵动自然,下方左右各竖刻一行字,右为"桂林余造",左为"癸未葭月"。令人奇怪的是,这口李家的井,却刻着"桂林余造"字样,而且还建在余家的院墙内。长期以来,余李两家均可在此井打水,又因为是李家的井,所以在水井所在的院子,余家不设大门,这样才方便李家人随时来取水。

清 井

清井，即清代余家井，开凿于清道光十九年（1839），位于清代余氏三栋排厝东南边。井边有宽阔井坪，井栏由花岗岩雕琢而成，呈圆筒形，高 45 厘米，上部略小，外径 90 厘米，下部外径 96 厘米，井栏厚度 10 厘米。外围有刻文："道光十九年，余立；岁次己亥，春月吉旦"等字样。余家井滋养了世世代代"余家大院"里的族人，培育出了众多人才，有文举、武举、诸生、乡绅等 10 余人。在现当代，哺育出多名博士、硕士，还出了副部级干部余养力，以及多位处级干部、画家、工程师等。余家井被乡人称为"功名井"。

历经千百年的风雨侵蚀，前洋的古井都已苔痕斑驳，甚至残破不堪，井上所镌刻的文字也已日渐模糊，乃至磨灭无识。然而，她却是世代前洋人的乡情所系，乡愁所在。前洋古井，哺育、滋养了前洋人，也送走了一代代怀揣梦想，外出打拼的志者。而那些寻梦的游子又常常把乡思寄托在那口曾经喝过水的井上，怀念她，让她进入梦境，让她留驻在忆记故土的字里行间，因为那井，其实就是故乡。

（吴谨）

石拱桥

前洋石拱桥建于明代,横跨金水溪,连接东西和平路,全长约8米,宽3米,曲线形拱圈石砌整齐划一,桥面由长条青石板铺设,两边装有石护栏,结构坚固,外形优美。

村民称石拱桥为"广桥",方言"拱""广"谐音,桥头小范围区域俗称"广桥头"。这里曾经是古村前洋最繁华地段之一,是村民闲适时分纳凉闲聊聚集之所,也是古官道必经之处,东往宁德,西接古田,北通屏南。早年桥边有围墙、炮楼、客栈、商铺、

(阮以敏 摄)

走过举子,也走过叶飞领导的"老六团",走过"沙家浜"的勇士,玄武桥往日的辉煌已经成为历史的沉淀。如今的玄武桥风采依旧,远远望去,整座廊桥如长虹卧波,又似蛟龙出水,与其周围的山水构成一幅优美的画卷。

卜算子有词赞曰:

横跨鳌江源,官道通千里,风雨沧桑数百年,独倚青山翠。
水口镇灵龟,两岸游金鲤,玄武祥光佑福琪,世外桃源美。

(陈兴锦)

(余炳炎 摄)

被遗弃的节孝坊

前洋古道路口原有一座颇为壮观的石牌坊，三间四柱架构，柱子高大，梁枋厚实，夹杆石凝重，榫铆连结紧密，雕饰古朴大方。牌坊正中央顶部是咸丰皇帝的"圣旨"牌。

牌坊立于清咸丰三年（1853），立牌坊人是附贡生余鸣鸾，为的是旌表他的母亲林氏坚守贞节抚孤成才的事迹。

立节孝坊有严格的程序。被旌表的女性的守节事迹要突出感人，抚孤要成才。事迹由县地方官向省级官府申报，再由巡抚向

（陆开松 摄）

礼部呈报，礼部奏请皇帝，获得恩准后下旨由地方拨款立牌坊。所以，牌坊在古代是很尊严神圣的。牌坊一般立在官道中央或道旁，古代官员从此处经过，文官要下轿，武官要下马，此言不虚。

前洋的这座节孝坊有许多文字记载。四条石柱前后都有对联，目前只有一条石柱上的下联全文清晰可辨。内容是"贞心澄济水，冰壶秋月同光"。牌坊旌表人是林雪姑（有关林雪姑的事迹另见《抚孤成才的林雪姑》一文）。林氏郡望有济阳郡，所以联句中的"济水"是指雪姑林家。冰壶秋月用来比喻守节之心如玉壶里的冰和秋空里的月那样明净高洁。

牌坊上嵌有一题奉刻石，文字是"大清咸丰三年礼部题奉，奉"，这第二个奉字要紧接右上方的"圣旨"，所以这坊记应该是嵌在圣旨牌的右下方某个位置上。另有一幅石刻铭文，为古田县教谕邱钊所题，应该是嵌在圣旨牌的下方。还有一块长条形刻石，上写"生员男鸣鸾、孙守宝守望守祧"，应该是附立在牌坊的左侧。

节孝坊体现对女性贞操节孝观念的推崇和对忠贞守节女性的褒扬，宣扬女性三从四德，封建道德色彩浓重。因此，在"文革"时，前洋这一牌坊被推倒，将石材作为建金水溪桥梁的用料。目前，这些石材构件包括碑刻仍堆弃散落在金水溪两侧。牌坊虽然是封建道德观念的承载物，含有封建糟粕成分，但也具有一定的人文价值。像林雪姑这样抚孤成才的精神，也还值得后人称道。同时，牌坊具有特殊的艺术景观，如今已是凤毛麟角。为此，我们建议当地把这座牌坊选择适当的地点重立起来，可作为难得一见的古迹和景点供人参观。

（江山）

旧瓷厂

前洋瓷厂位于"金牌山"左下角，始办于民国初年，原为私人合股创办的碗厂，新中国成立后改为村办集体企业，以生产碗碟、杯盏、汤匙、茶壶等日用瓷器为主，主要采用手工工艺，有20多个瓷器品种，兴盛时，年产量20多万件，年产值约8万元。20世纪80年代末，由于市场疲软、成本高等原因停办。前洋瓷厂曾作为村集体经济的重要产业之一，为改变乡村面貌和改善村民生活起到过重要的作用。据说，瓷厂职工最多时达100多人，生产时分成四组，各组配齐每道工序的工人，相当于四条生产线同时生产。由于瓷厂效益好，职工收入高，要求进厂工作的人数众多，须通过抽签确定。前洋瓷厂生产的瓷器，胚厚、质坚而耐用，原来的老职工家里仍保存有少量

瓷厂老工人出示的产品（阮以敏 摄）

用碗盒砌的围墙（阮以敏 摄）

当时生产的瓷器。几十年过去了，当我们从古民居村道走过时，不时看到路边有许多废弃的"碗模"，俗称"碗盒"，有人用它垒了围墙，圆形的"碗盒"层层叠叠为一堵矮墙，也别具一种古韵，由此我们可以窥视当时前洋瓷厂的繁华景象。

在前洋村邻近，与前洋碗厂同时期兴办的还有卓洋乡广洋瓷厂，以及于20世纪60年代举办的鹤塘镇棋盘洋瓷厂，他们之间属于"姐妹厂"，有工艺上的互相学习交流和业务上往来，互相促进，共同发展。其中，鹤塘镇棋盘洋瓷厂和卓洋乡广洋瓷厂发展很快，20世纪70年代试制出口细瓷，首创球磨机，突破釉关，创新花色品种40多种，产品进入国际市场。棋盘洋的跃鲤花瓶、玉兰茶具和广洋的双喜茶具都参加广交会展览，获全国工艺美术优秀产品奖。

（陈兴锦）

古驿道边古客栈

前洋村落整体依山而建,高低错落,极富层次感。一条金狮公溪从北向南贯村而过,与西南边来的佛殿溪汇合于村东南,再向东流出。村里拥有纵横交错的传统街巷,将整个古建筑群贯穿成一个整体。所有街巷路面都以卵石或青石板铺砌,富有韵味。一条保存完好的古驿道从北向南穿村而过,古客栈像一颗明珠点缀其中,构成一幅沧桑古朴的乡村水墨画。

古驿道又称官道,古代是政府投资并按统一标准修建的道路

"担回头"展示馆(刘振茂摄)

系统，主要用于中央政府与地方的各种政务、经济、军事等公文信息传递、物资运输、军队调动、军队后勤补给和官员出差、调任与巡视。沿驿道设立驿站，负责官方接待、信息传递、道路管理和军队供给。驿道和驿站合称为驿传系统。鉴于驿传系统的重要性，所以历代都是由朝廷兵部直接管辖。

古驿道一般由青石板、石块、鹅卵石砌面，依弯就曲，按一丈左右或五尺见宽的标准建成，可以保证两匹马或两顶轿子相向而行，通行无阻。古驿道在一些地方同时也是民间运输物资的重要商道，在古代，官道和商道在某些路段是重合在一起的。像前洋依村而过的古驿道，既是古田到宁德的官道，又是担回头（本地话，是指挑夫把本地的特产，挑到异地换取所需物资，再挑回头自用或出售，是古时候以物易物一种交易形式）过往商旅的主要商道，驿道与商道合为一条路线。此驿道起自古田旧城，出东门过渡，经东门头、沽洋、桃坪亭、大桥、红亭隘、吉洋、前洋、

古客栈内景（阮以敏 摄）

西洋、鹤塘、杉洋、大甲、小甲、谈书,出境接宁德界,至宁德蕉城,全长95公里,境内65公里。明代设牛头岭、秀峰、幽岩(今鹤塘)、樟峰(今梨洋)4个公馆。为连接大桥、卓洋、鹤塘、杉洋、大甲5个乡(镇)的主要通道。其时由宁德担回头入境的海货不绝于途,挑夫经常选择在前洋歇脚,于是前洋便成为商旅来往频繁之地。

客栈选址在离古驿道百米的村中,与古驿道相连北通京峰、吉巷、平湖的分支古道边。现位于过溪厝三栋排最左边的一幢房子和平路12号左边,是该房屋的僻墅。客栈平面为长方形,长19.7米,宽5.2米,面积102.4平方米,为土木结构,两层楼房。大门开在中间部位,右边离墙2米处开有边门。走进大门是不大的客厅和木板照壁,原来客厅的左边有三间房,右边有两间房及一间厨房。现有为了改做"担回头展览馆",把这些房间都拆了,变成一个空旷的展示厅。照壁后面是楼梯,走上楼梯是客厅,厅

名胜古迹

前走廊开有窗户，可以眺望墙外的风景。走廊连接两边的厢房，楼上的布局和楼下一样，正厅的左边有三间房，右边也是三间房。大门前右边有边门，进去是厨房，一开间大的地方。客栈专为挑夫偶尔歇脚所设，吃住歇息配套，村里人都叫它担回头客栈。以前客栈占尽地利之便，是过往商旅的必经之路，生意不兴隆都难。

当年客栈的东家叫余和仕，为人精明，很有经营头脑，他见住店客人常有不时之需手头拮据时的尴尬，便想起兼做放贷的生意。信得过的客人向他借 5 块钱，去宁德担回头往返四五天，就要还他 6.5 块。不敢想象这样的高利贷也有人借，真是应了一句老话叫"口渴喝盐卤"。

客栈门前的古道沿着金狮公溪旁向北延伸，北走 30 米就是讲书堂，过去这里讲书的、卖猪肉、卖光饼、卖小吃的齐全，是个热闹的去处。客栈门前古驿道下面是一块平地，右边种有 1 棵樱桃树，左边是 3 棵柿子树，树高都在 4 米左右。秋冬时节，柿子树上挂满了果实，像一个个小灯笼煞是好看。平地边的金狮公溪水清可见底。碧水映云天，锦鲤云中翔，别具一方景色。左对面树叶婆娑中可见基督教前洋堂，右前边一座拱桥连接村大路，能见路边水波涟漪的半月潭。名不见经传的小客栈，被诸多美色簇拥在怀中，犹抱琵琶半遮面，其貌犹怜。

时光流逝，古客栈早已遗失往日铅华，留下的只有空房一处与历史记忆了。

（朱振清）

跑马场

武举制度始于唐代武周（武则天），盛于明清。清代对武举的重视程度特别加强。武官中科举出身者数量不断增加，武举制度严密，录取相对公正。因此，民间习武者争先恐后参加武举考试。

前洋余氏、李氏先祖祖籍都在杉洋。杉洋是武术之乡，文武并举。前洋民众得祖籍地文化传承，学文之余，也盛行习武。早在明末，前洋就出了一位武廪生余兆元，任南京中显校尉，授武

当年跑马场场地（阮以敏 摄）

信郎，正六品衔。前洋属较偏僻的古村，但也有官道相通。民众学武的目的，本义在于健身、防身，保家、卫村。但由于朝廷重视武学，前洋的学武子弟也希望通过考武进入仕途。

前洋的习武人在家练拳举石耍刀弄棍很普遍，如今好几户人家的家里还有练武石，轻者一两百斤，

重者三四百斤。前洋练武的铁大刀达100多斤重，可惜后来都拿去炼铁了。但竹帽棍棒等练武用品还时有可见。

前洋习武子弟要想参加武学考试，必须学骑射。因为武举考试有七科，一为长垛，即远距离徒步射箭；二是马射，即骑在马上射箭；三为马枪，即骑着马使用长矛挑刺；四为步射穿札，即射箭穿透铠甲。这以上四项，都必须有较为空阔的练武场，乡下人称跑马场。

为此，前洋的跑马场就应运而生。在村中五栋连排的大路下边现为月湖的地方，原来就是当年的跑马场，为余氏兄弟所建。因为要在跑马场上学骑射，其场地的长度起码也要一箭之地，有百米长。跑马场的东头水井边是入场口，井边尚存的石槽是喂马槽。原来这里还有上马石，便于骑射习武的人上下马。平时，学

骑射的人就在这个场地上练习,可以想象当年的盛况。

学武的生员也要到县里参加武考,考中的称武秀才。武秀才也要进入乡试（省一级的考试）,考中了就成为武举人。嘉庆丁卯年（1807）,前洋的余朝品就考中武举,由千总陞授泉州守备。同治壬戌年（1862）,余步霄考中恩科武举人。道光乙酉年（1825）,余槐元又考中武举人,任职汀州镇中军府。清光绪十四年,跑马场上方的余家大院又出了个武举人余标元。同时,他的本家堂兄余德馨在同一年考上文举人。跑马场上方,一家文武两举人,可谓荣耀一时。当年,就这在这跑马场上办了100多桌庆宴酒席,热闹非凡。

清末废除科举制度后,前洋也就没有人再去学骑射了。因此,跑马场也荒废了。因场地低洼,后来,就把它凿为池塘,雅称月湖,成为村中的一个景观。

（江山）

（陆开松 摄）

前洋村的"美池"

陶渊明的桃花源里有美池,但只在"记"中;前洋村的美池,就在眼前。

前洋村有两个美池,也就是风水池,一个就在余家大院的下方,一进村就能见到。这个风水池开凿得较晚。风水池的前身是跑马场,清末废除科举后,跑马场也失去了它的功用,被废弃了。后来,村里的有识之士为了配合古村落的保护和建设,把这块荒弃的大坪修凿成一口月牙形的大池塘,雅称月湖,长达百步,东临古井,西近古桥,一股清流从石拱桥东侧汩汩注入池中。夏日荷叶田田,冬日水净如镜,金鳞游戏其中,花木果蔬沿堤绕岸,

风水池——月牙湖

风水池——方塘（刘振茂 摄）

与池上方连排的古民居和古道相映成趣。池之所以修成月爿形，抑或为跑马场场地所致，以半月形为美。但可能还有两义：一是池的南面堤岸为半月形，犹如双臂围抱风水；二是月圆则亏，修成月爿形，有半满待圆之意。但不管怎么说，这月爿池总是前洋古村落中的一处好景致，与周边的景点融为一体。

流览月爿池后，过了石拱桥，穿过一条古巷道，又有一口美池映入游人眼中。这口美池是在村中的腹地，原来是圆形的，大概在前洋三大姓落堂之后就有了。因池的四周有余地，后人便把它拓展了，形成一个半亩见方的大池。池塘边砌有厚实的石围栏，围栏边四周是石板大道，道边植以花木。大道四周都是古民居的高墙，把池塘围在正中央，池塘就像是这四面高墙内的一角青天。不论是春水绿波，还是秋水澄碧，四周的景物和天光云影映入池中，恍若别有洞天。游人漫步池边，或凭栏观鱼，或倚栏留影，爱好摄影的人还可从中选出好景点来。见到这个美池，总会令人想起朱熹的一首《观书有感》的诗来："半亩方塘一鉴开，天光云影共徘徊。问渠那得清如许？为有源头活水来。"自然也会问起，这池塘中的活水从何处来？

村民告诉我们，这美池的西北向，远处就是前洋的后门山。后门山有两支蛇形山脉蜿蜒而下，呈双龙戏珠状。前洋村落就从这山脉下向东南延伸。李氏祠堂和余魏祠堂都在这双龙戏珠之下。山上金狮公溪流过村头，从中引有一支活水，源源流入这口风水池。

从航拍图看，池之南为金牌山，池之东为九龟把口景区，池西面是佛殿山，北面就是后门山的双龙戏珠。前洋的这口池呈正方形，既取四面来风之义，又含藏风得水之意。另外，池呈方砚形，得源头活水，"砚田无税子孙耕"，喻意前洋靠的是祖祖辈辈耕田又耕砚，以耕读传家，代代旺族兴村。

当然，风水池既是风景池，也是古时候防火救火的消防池。

（江山）

姐妹溪

前洋有两条溪，堪称"姐妹溪"。两溪分别发源于洿里山的东西两侧，西为佛殿溪，东为金水溪，两溪至前洋村东交汇后，最终汇入浩瀚的鳌江。

金水溪全长约10多千米，溪道顺山势而下沿古官道左侧，流过一片水田，在距金狮公殿约30米的一棵杉树处，有一条分流汇入，然后从金狮公殿右下角，折转穿越田园。此段溪道颇陡，两岸草木葱茏，时有鲜花点缀。尤其是金狮公殿下方那段溪道，巨石嶙峋，形状各异，蔚为壮观。之后，河水经讲书堂屋后、教堂

金水溪（阮以敏 摄）

门前流至讲和桥。此段溪道渐宽，水势渐缓，时有鱼儿悠然游弋；两岸种有柿树、梨树等。清波流如镜，倒映树影，确是一道清雅的风景。最后，溪流从讲和桥底从河堰一跃而下，缓缓流去与佛殿桥汇合……

金水溪，原来叫金狮公溪，据传金狮公在溪之上游淘金炼金，金水流入溪里，满溪金光闪烁，招来了好奇的鲤鱼，而后引发了鲤鱼偷金、玄武帝镇桥以及五鲤山的由来等一系列美丽的故事（见《金狮公故事》），后来人们就把金狮公溪更名为"金水溪"。

佛殿溪发源于村庄西南部群山，村西南垄田（隆兴寺遗址）与村南面垄田山涧之水，经狭窄弯曲的两涧，将二水汇合于白马王庙前，再平缓的蜿蜒东下，与村北金水溪在车碓兜汇流。佛殿溪宛若环绕古村落的冠带，也构成一道亮丽的风景线。

金水溪、佛殿溪这两条美丽的"姐妹溪"有着少女般的柔情和妩媚。蜿蜒的溪道，曲折有致；清澈的河水，流淌不息，默默地灌溉着千亩良田，给古老的山村增添了灵气神韵。同时也承载着美丽的传说和美好的愿望流向梦的远方……

（陈兴锦　阮养进）

佛殿溪（阮以敏 摄）

连理杉

（余炳炎 摄）

站在前洋村白马寺庙前，遥望西南杉合岭方向，两棵参天杉木映入眼帘，这就是连理杉。

连理杉在杉合岭旁，杉合岭是宁古古官道必经之处，岭因杉得名。两杉高大挺拔，树干劲直，彼此相挨，大小相近。经实地测量，两杉胸围均为1.5米，树冠面积约30平方米，树高约20米。古田县人民政府立保护牌记："福建省古树名木，杉科，树龄350年"等字样。历经岁月沧桑，树皮皲裂成道道直纹，顶上挑着几根青青的疏枝，枝叶朝

雷击树

前洋古村的西北角有一棵神奇巨木,此木神奇在于树干只有东向半边,却依旧枝繁叶茂,雄姿伟岸。人们以为是雷击劈去了树的西半边并引发大火烧掉了一半的树心,剩下半张"树壳",故称之为"雷击树"。"树壳"内侧呈灰黑色,似有大火烧过的迹象。"树壳"下宽上窄,右边厚度30—50厘米,左边20—40厘米。焦痕高度离地面约8米。雷击树胸径2米,底部最宽处2.6米。树的总高度约18米,树冠仍近似圆形,稍向东倾斜,覆阴盖面积约280平方米,犹如一把绿色巨伞撑起一片蓝天。

根据树上挂的"福建省古树名树保护牌"可知，该树是壳斗科、青冈属，名赤皮青冈。树龄已有八百年，属于一级保护等级。这棵赤皮青冈还有一个神奇之处，那就是伸向东向的树根完全裸露，其中一段往外突起，形如一只猴子下山状，栩栩如生，其四肢强壮有力，头微仰，凝望山下田园村庄。猴子背靠大树，与树头连为一体，你完全可以把大树想象为猴子竖起的巨型尾巴。村民把这景称为"金猴下山"。关于这只"金猴"还有一段传奇故事。

据传，"雷击树"曾是孙大圣的"小行宫"，在孙大圣护送唐僧西天取经暂时离开的日子，一群蚂蚁也看上了这棵磅礴而美丽的大树，遂把蚁窝迁徙到了大树繁茂的枝叶间。不料，这群蚂蚁经过数百年的修炼，成了蚁精，时常肆虐乡里，侵蚀庄稼，肉食禽畜，以致危及百姓的生命安全。村民们苦不堪言，也曾多次组织力量去消灭它们，但面对这群蚁精毫无办法。

一天，大家商议后，请来法师在祠堂施法，以禀告上苍，恳请各路神仙前来除妖。最先得到消息的是近在天边的急性子雷神，只听见一声霹雳，雷神以雷霆万钧之力砸向蚁窝，蚁窝瞬间被打得支离破碎，蚁妖死的死逃的逃，一贯作恶多端的蚁妖终于遭到了报应。但雷劈引起大树着火，一时烈焰冲天……

这时，远在万里之外的孙大圣也闻知消息，几个筋斗云就赶到了前洋，得知蚁妖已被雷神打散，素来嫉恶如仇的他后悔迟来一步，当看到熊熊烈火将要吞没大树时，立即呼风唤雨灭了大火，只可惜大树已被大火烧掉了一半。为了防止蚁妖余孽重返前洋坑害百姓，孙大圣随手从身上拔下一根毫毛，灵气一吹，化作一只栩栩如生的金猴，数百年来，他尽心尽责，守护着全村的安宁，受到村民们的敬拜。目前村民们在树头设有祭坛，常年香火供奉。

金猴下山

"雷击树"是顽强生命力的象征,是不屈不挠精神的象征。据村民介绍,几十年来"树壳"部分有变厚、变长的趋势,想尽力地往里合围。或许若干年之后,千年的创伤可以愈合,雷击树将变得更加挺拔而完美。

(陈兴锦)

石龟故事三则

一

传说宋朝末年,元兵大举清巢南少林寺,铁珠师兄铁头和尚与师侄朱山(铁珠徒弟)一起逃来古田,朱山至杉洋村隐姓埋名,传授武功为生,铁头和尚则逃来前洋院里隆兴寺继续当和尚。为了逃避追捕,从此不习武功,专修禅法,与石龟为友。茶余饭后,常坐在龟背上参禅打坐,有时也与灵龟传授禅修方法。话说院里隆兴寺后门的石鹞(俗称:老鹞石)与铁头和尚不和,因铁头和尚的寺院挡在石鸟的门口,石鸟出行觅食不方便,故每当和尚参禅论道时,石鸟总是

捣乱："兴前洋，败院里。吃食筹洋半岭，屎拉前洋院垅囝。"一次二次和尚尚能忍耐，毕竟和尚改修禅功，有些淡定，可日子长了，和尚实在是忍无可忍。一日，和尚与灵龟论禅时，石鸟又来捣乱，和尚无名火起，大吼一声："是可忍孰不可忍也。"纵身一跳，铁头撞向石鸟，石鸟被撞成两段，和尚也一命呜呼。惊坏了石龟，一头扎进田里，再也不抬头。后来，灵龟不问世事，自行修禅，终成正果，如来封其曰："寿长龟。"从此石龟灵异，人们如在龟背上走一走或坐一坐便可长寿。

二

据说小石龟与小红鲤，小蛤蟆结成三友，称遨游三使，好管人间纠纷。小石龟与小蛤蟆常常一同坐在小红鲤背上到处游玩，遇有纠纷也热心调解。这天听说铁头和尚与石鸟闹些矛盾，想来调解，正好赶上和尚说禅论道，他们也就参与听禅。正听得津津有味，谁知石鸟又来捣乱，本想上前劝说，岂料悲剧发生，一声巨响，人鸟具亡，小蛤蟆一惊，纵身一跳，飞到二千米之外，一屁股坐到田里，整天大叫："羞哇，羞哇。"因为蛤蟆觉得和尚太没境界，实在是"羞哇"。此地现称为蛤蟆仔，到了晚上还能听到蛙叫："羞哇，羞哇。"小石龟则比较镇定，临危不惧，始终与小红鲤厮守一起，不离不弃，所以称之友鱼龟，后玄武大帝嘉其团结友爱，封其为"有余龟"。传说每当年景不好，人民用手摸此龟，就能富足有余。

三

前洋自古人杰地灵，明洪武年间刘伯温路过前洋，观形胜留下谶语云："背倚七峰，卿云出岫，金牌面照，岚气昏晓。五鲤洋中，双龟把口，左伏蛤蟆，石蹲石鸟，耕读传家，富贵不了。"不知是谶语的缘故，还是前洋人祖上受朱子教化的缘故，祖上从来是重耕读轻商贾。不光人如此，就连灵龟亦如此。说是村口双石龟屁股旁路上原来建有木栏，本来用作防猪牛外逃。但此路又是通往宁德必经之路，去宁德挑回头之人（挑地瓜米到宁德换些海货挑回来贩卖）夜间从木栏跨过之时，灵龟常屁股一翘，把木栏抬高，使挑回头之人绊倒，然后蹒跚而行，误了赶鲜期，生意亏本，以此惩戒不务正业之人。据说浙江挑货郎担的跨过此栏也常常摔倒。故后人称此双龟为栏跚龟（拦商龟）。而今世道变了，前洋人读书明礼，经商守信，灵龟也变得通情达理，再不恶作剧。

（余新达）

（阮以敏 摄）

金狮公的故事

传说当年玄帝计划建一座金殿,需要大量黄金,遂派金狮公来到前洋炼金。金狮公起早贪黑,一心扑在炼金上,炼了一段时间后,觉得蹊跷,每天累积的黄金量不增反减,如此下去,怎能完成炼金任务呢?他决定弄个明白。

一天深夜,四周静谧,他蹲在金堆背后守候着,不一会儿,一群鲤鱼,悠悠地游到岸边,纷纷跃上岸边,各自衔起一片金块,跳到河里,向东游去……鲤鱼们要把金块带到何处呢?金狮公好奇地跟着它们,一直到了东海,看见鲤鱼游进了龙宫,龙宫里已经堆积了不少黄金,只听见一个声音传来:"好样的!宝贝们。不

久,你们偷来的黄金就够我们建金殿了,到时候我要好好奖赏你们……"

听得出来,这显然是老龙王的声音,原来鲤鱼偷走的金块是为东海龙王建金殿。金狮公又急又气,马上把情况汇报给了玄帝。玄帝半信半疑,跟金狮公来到了前洋,趁着夜色勘察个究竟。结果,看到的情景跟金狮公说得一样,当一群鲤鱼口衔金块就要离开时,不禁怒喝一声,鲤鱼们纷纷逃窜,大鲤鱼都逃脱了,剩下五只小鲤鱼来不及逃走,被玄帝点化成五座小山峰,这就是前洋的"五鲤"山。

玄帝担心炼金之事再出意外,便坐镇廊桥,一是为了防止鲤鱼再来偷金块,二是为了监督金狮公集中精力炼金。金狮公日夜不停劳作,不久便练成成了一座金山,村委会对面那座"金牌山"因此得名。严把水口的古廊桥也被称作"玄武桥"。

这个神话故事历代在前洋人中口口相传至今。

(陈兴锦)

老鹞和老鹞石

一只老鹞,性子急嘴巴快,听别人的话经常只听一半,做事也是毛毛糙糙的。

这天,老鹞飞倦了,落在前洋村老鹞石上栖息。

"哈哈,说起来咱俩都是老鹰族成员,可惜,你趴在这里,一动不动,真可怜!"说着,老鹞箭一般冲向高空,又俯冲直下,稳稳当当地落在石头上,"唉,你又不会说话,我算是白费唇舌了。"

"我会说话呢,因为我已经修炼千年,汲取了天地的精华。"禁受不住嘲笑的老鹞石开口反击。

"就算这样吧,你趴在这一动不动,终究还是不能在浩瀚的天空里自在翱翔。"老鹞很得意,"如此说来,你也注定是孤陋寡闻呀。"

老鹞石辩解道:"要说我呗,不仅富有灵气,还知道你们所不知道的秘密。偷偷告诉你吧,兴前洋,败院隆!"

"天哪,兴前洋啦,败院隆啦。"老鹞大声惊叫着往森林飞去,"前洋村会更兴旺,隆兴寺会很快破败——"

很快,"兴前洋败院隆"的消息传遍了动物界,就连人类都知道了。

于是,前洋村村民兴高采烈,奔走相告;隆兴寺和尚心情郁闷,情绪低落……

原来静谧祥和的氛围一扫而光,取而代之的,处处都是人心惶惶。

老鹞和老鹞石看到这样的局面都很难过,他俩意识到了自己的错误,都为自己的浅薄快嘴羞愧不已。

(李日伟)

(刘振茂 摄)

中国历史文化名村·福建前洋

人物文采

"飞瓦水上漂"李则天

李则天，名国治，字则天，为前洋李氏第四世祖，杉洋始祖李诲第三十世孙，约生于明成化初年，弘治年间武贡生。其弟李则卿，名国潘，为同时期贡生，闽省著名讼师。李则天自幼习武，传承家传武艺，擅长棍术，兼通五形拳之鹤拳。李则天十八岁时中武秀才，并师从武教习学成了了得轻功，据说他只要用两片薄瓦，就能借助飞瓦水面而济河过江，名扬远近，人称"飞瓦水上漂"。

李则天二十八岁时经乡荐为武贡生，省衙奖赏银两、服装等给他，准其入京城武监院研习武艺韬略。三年后，李则天学成，正要参加兵部选考武职，突然家乡传来书信，说家母病故，他只好放弃本次选考，快马回乡守制。

李则天在老家前洋守孝期间，受村耆老之请，在前洋为村人教授武功，以增强村民体质，提高村庄防卫能力。他把在京城学到的武功与原来在家乡所学的地方拳术结合起来，形成独特的"李家拳法"，悉数传授给村人，因轻功非常人能学习，故未予教授普及。村民经习武后体健筋强，虎虎生威，远近的大小匪盗都不敢侵扰。李则天此举，为前洋村落的巩固和发展奠定了必要的安全基础，得到了村民尤其是后辈青少年的敬重。

据说，有一天傍晚，李则天在家中正要吃饭，突然有人上门求救，说是有几个担回头乡民在附近官道上被十数名土匪劫去了两担绸缎和数十两银子，正往红亭隘方向逃窜，怕是快到了隘口了。李则天一听，二话不说，只听"嗖"的一声，人已飞一般地到了大门之外，他施展轻功，飞奔追贼。正当那十几个土匪身怀着分到手的布匹、银子，快速跑向山脊上的红亭隘，以为"大功告成"，准备在红亭里休息一番后再上昆山髻藏匿时，只听见亭中传出一阵笑声。土匪们一愣，只见十数片飞镖状物向他们飞驰而来，片片射向头面，土匪们有的中镖倒地挣扎，有的带伤哭嚎着求饶。

原来李则天施展轻功，操直线飞驰，比土匪更早到了红亭隘，并用手指揉碎瓦片飞射制服了他们。李则天命土匪们放下抢劫的钱物，责令他们改邪归正，以后不准出现在宁古官道上，否则下次"瓦镖"无情。众土匪唯唯诺诺，感谢饶命，立作鸟兽散。此后的宁古官道因有了"飞瓦侠"的震慑，匪盗一度销声匿迹。

李则天飞速制匪，为乡民抢回钱物，得到了受害村民的感恩和附近乡里民众的盛赞。

三年守制后，原本可以进京谋职的李则天，念父亲年老体弱，需要照顾，最终决定留在家乡，放弃入京考选做官，并多次拒绝了县令请其任武庠生教官的邀请。李则天在前洋老家奉父尽孝，并为乡人传授武艺，护卫乡村。几十年后，他福寿全归，享年八十八岁。

李则天仁义孝悌、爱乡爱民的精神与美德，值得后世乡人们去学习和发扬。

（吴谨）

"平乱将军"李应科

李应科,前洋李氏第四世祖,杉洋始祖李海第三十世孙,约生于明建文初年,永乐末武贡生。李应科武艺高强,并富胆识谋略,忠义双全,曾召集古田义勇之士,从军平乱报国,屡建战功,被后人誉为"平乱将军"。

李应科自幼聪明好学,习文学武,因体格清奇,并富神力,小小年纪便使得一手本土棍术"丈二杖"。据说这棍术发源于卓洋秀峰,与兴于洋洋瓦坑的"连环棍"齐名。据传,当年李应科在演武场"摊杖"时,因棍术炉火纯青,达到了棍人合一的境界,只见棍不见人,而且现场上百人试图围攻而无法靠近,名震大东。

李应科于永乐后期以武艺中武秀才,并于翌年连荐武贡生。都指挥使看中他的武功,欲聘其为贴身武卫幕职,李应科只想为国家多献力,故婉拒之,指挥使感其报国之心,赠其白银三十两。李应科在载誉还乡的路上,遇上一个恶财主带家丁强抢民女,他仗义相助,打退家丁,并将身上之银悉数赠予女子,让她与家人迁徙外地安身。

李应科被后人称为"平乱将军",缘于他的传奇征战故事。据传,明正统年间,南方骚乱不宁,都御史张楷平乱途经古田,急召兵马。作为武贡生的李应科遂应征,同时还带上他的弟弟李应贵,以及同年武贡江子仪等一起入伍,被请旨授予敦武校尉。

　　李应科等人随大军镇压地方叛乱,他们从家乡古田一路前行,直指建阳、浦城,到达浙江龙泉,又横扫义乌、东阳、湖州等地。半年后,李应科因功升忠显校尉,又率军乘胜追击,经江苏太湖,过吴江,直至昆山。平定叛乱胜利告捷后,李应科与兄弟等皆被诰封为武略将军。之后李应科衣锦还乡,得到家乡官民的夹道欢迎,他积极倡导并捐银修路造桥,造福桑梓。

　　正当李应科准备过安稳日子之时,又遇南部有犯人越狱作乱,朝廷震动,急调兵镇乱。李应科等一批久经沙场的将军又被调集出征,他们奋勇向前,不惧危险,平乱护民,最终保住了一方平安。

练武杖

　　李应科为国分忧,赤诚报国的功绩,再一次得到了朝廷的封赏。然而文武兼备的李应科实际上却是一个淡泊名利的真君子,对高官厚禄并不感兴趣,遂奏请辞官回乡,获得恩准。

　　李应科解甲归田,回乡购置田产,筑构家园,修路搭桥,兴办私塾。他乐于行善,为乡人所称道,传为后世美谈。

（吴谨）

千载古村出文龙

余文龙

一个出生于农村贫民家庭的子弟，凭着自己的聪明好学，在科举的独木桥上脱颖而出，跻登仕途，一路当上县令、知府，直至京官，能为民办实事，又能为家乡公益事业做出贡献，政声墨迹光耀故里，值得后人可歌可颂。前洋村的余文龙就是这样一位人物。

余文龙祖上家道贫寒，父亲是穷秀才，以耕读传家，曾以打草鞋补贴家用。余文龙贫而好学，于万历二十八年（1600）庚子科福建乡试中举人，翌年连捷辛丑科张以诚榜三甲第一百四十五名，赐同进士出身，初授湖南衡阳知县，后改任江西饶州府浮梁县知县，升河间府同知，又任工部主事；万历四十六年（1618）任安徽芜湖关监督，天启元年（1621）任赣州知府兼摄兵备道，继而任工、户两部郎中，授正四品中宪大夫。

余文龙不愧为文龙，他是一位大学问家，史学造诣很深，著述等身。他主编有《赣州府志》20卷，编成《史异编》17卷、《大明天元玉历祥异图说》7卷。他通读了二十一史，择其精华，撰

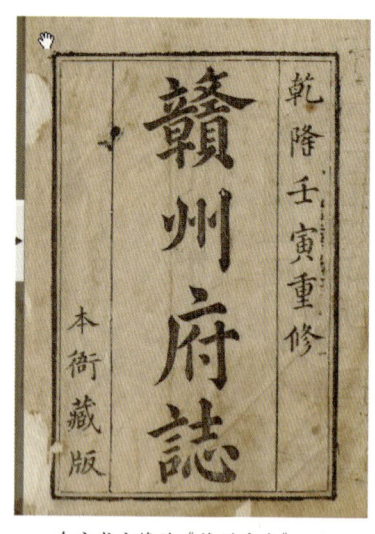 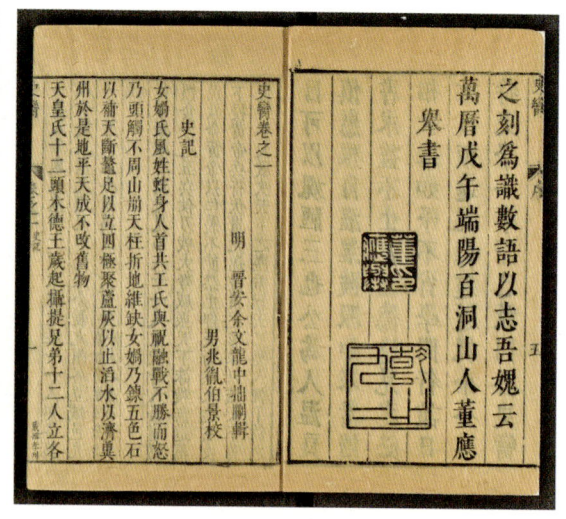

余文龙主修的《赣州府志》　　余文龙编的《史翰》，董崇相（应举）为之作序

有《史翰》二十五卷，于万历四十六年（1618）由他的儿子余兆胤刊刻行世。他编的《大明天元玉历祥异图说》，是他将仁宗朝的《天元玉历》重勘修订，配以数百幅彩图，还以仁宗皇帝的御制序为卷首，以示重刻之隆重，在当时影响很大。

余文龙除了这几大部专著行世外，散见于各种史料中的文章，如序、记、策之类还很多，其中有《南岳倡酬集序》《玉田识略序》《新建先贤祠记》《古田县修城记》《送厂翁父母（杨德周）入觐序》《史翰自序》《用兵策》《崇祯庚午大武举程策》《古今名媛汇诗序》、杨德周的《铜马编跋》等。他的诗作也很丰富，他的一首《关山月》气势雄强，颇为后人赞颂，有别于唐代李白、沈佺期等人充满悲情的《关山月》。

余文龙长期多地为官，政绩、官声、文名显扬在外。但他更爱古田家乡，热心家乡事业。他常对故乡的人说：养我育我者，故土也，宁无报效之心乎？在他的一生仕途经历中，一直在寻找机会，报效桑梓。乾隆版《古田县志·人物》中载："余文龙，字起潜，万历辛丑进士，令衡阳，为民兴利。守赣州，摄兵备道，所至有循声。解组后，葺学舍，修邑城，尚义捐资，造福枌榆，功不止在一时也。曹能始为立传，董崇相志其墓。"其中有几件大事值得赞扬。

一、为古田先贤祠写记。余文龙到湖南衡阳任知县。任期满时，他告假回到古田。这时，古田县令王继祀正在重建古田先贤祠。余文龙在古田读书时，就以林用中、张以宁、罗荣这些先贤为榜样，激励他进取。他对建祠之举十分赞许，应王知县之请，欣然写下了《新建先贤祠记》。这篇记的意义在于，他在文中强调，有功于地方、惠泽于百姓的这些先贤，其神灵都应该上报朝廷，请入先贤祠，让后人"见而慕，慕而奋"，激励后人进取。他的这篇记，为有功于地方的先贤申报入祠奠定了理论基础。

二、救济民饥。天启三年，也就是1623年，余文龙在赣州知府任上期满休假回古田。前一年古田正遭受严重水灾，农田毁坏，饥馑威胁着灾民的生命。余文龙看着饿殍，痛在心里。他立即带头捐俸，率先从外地购得数百石粮食施济灾民。接着发动富户发

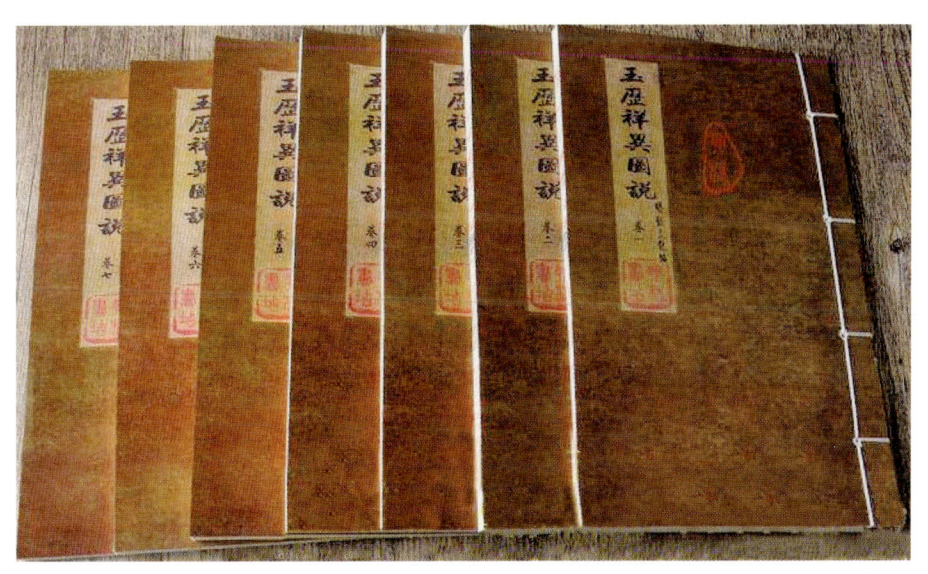

余文龙编的《玉历祥异图说》

善心献粮，让乡民度过饥荒。乡民们感激涕零，居然把余文龙奉为救命之神，烧香膜拜。

三、修城垣。偏偏在这饥荒关头，古田祸不单行，盗匪蜂起，城中居民屡遭劫难。原因是旧城墙年久失修，毁损严重，匪盗能长驱直入。县令吴柔思刚到任就遇上这两场大祸。灾情稍息，修城之事又迫在眉睫。县里财政亏空，向上司又筹不到钱，无奈之下，吴知县又来请余文龙。余文龙想起三年前他任赣州知府时，同样遭遇特大水灾，既造成饥荒，又冲毁城墙。他对当时组织救灾和重修城墙的事历历在目，不能忘怀。三年后，古田的情形如赣州历史的重演。余文龙对县令说：这件事与父老生命攸关，不用你说，我都恐惧至极，我哪敢只求自保微躯而不顾啊！他刚忙完救灾，又厚着脸面聚集殷实之家和好义之士商量，晓以城池未修祸患无穷的大义。他和县令带头乐捐俸银一百两，做为倡先之举。他要求居民随家资多寡，分三六九等乐捐，数日之内筹银千余两。同时规定贫寒家庭不必捐款，但匠者献技，工者出力，付给工食费，由他们各尽所能，全力参加筑城。

城垣重修历时九个月，余文龙始终陪同县令，带领一班衙门吏役分段负责，"数里之内，舂杵相望"，使修城之役顺利完成。凡收支账目让专人管理，他和县令从不经手，做到"费甚约、工甚坚、私不扰、公不捐"。修成的城垣，比旧城垣更为恢宏、更为坚实和壮观。余文龙因此写下一篇洋洋千言的《修城记》，备载其详。这篇《修城记》全文收入乾隆版《古田县志》。

四、重建学宫。天启四年三月，城垣刚刚修完，余文龙觉得学宫夹在县衙和文庙之间，显得十分卑小狭窄，而且栋宇倾斜，岌岌可危。余文龙认为，学宫关系到一县教化的兴衰和形象，不能不修。但他深知县衙无米之炊，他又毛遂自荐，要出面主持重

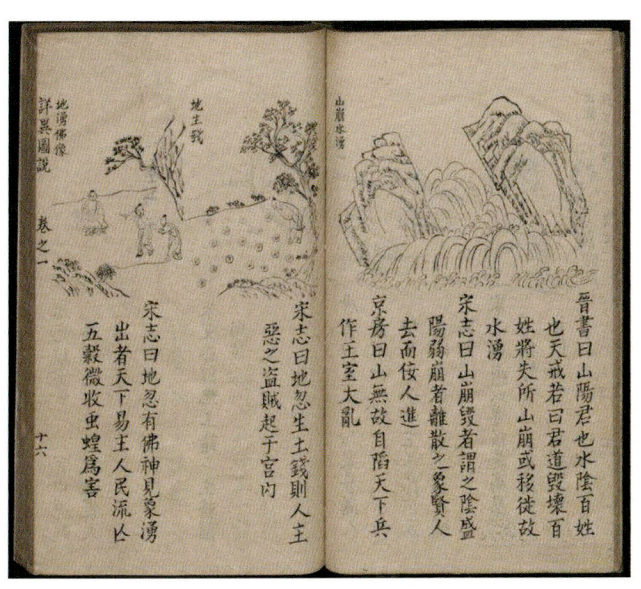

《祥异图说》内页

修学宫，新任县令和广大学子无不振奋。余文龙从诸生中选出十名喜义秉公的人一起筹办重修事宜。同时，他又一次带头捐款，带动了全县乡绅和太学候选生员以及殷实人家纷纷乐捐。

学宫于天启乙丑（1625）春动工。重建学宫工程量大，余文龙亲董其事，带领一班人冒暑迎寒，一切经营料理，事无巨细，他始终参与其中。历时一年多，大部分建筑堂、阁、斋、舍等已经美轮美奂。但这时，他的新任命诏书已下达，只好匆匆赴任，把未竟的工程交给后来人完成。不久，学宫全面建成，规模空前，成为古田学子求学的圣地。曹学佺在《重修学宫记》中称："相厥土材，出旧基数武，高其基三尺有奇，而堂构焉。后竖经阁，前凿泮池，东西斋舍俱新鼎建焉。""期间一切经营料理，不惮寒燠，越明年就绪，秋毫皆余先生力也。"

余文龙享有四品官的优厚俸禄，但他生活俭朴，过惯清贫日子，特别厌恶官场奢靡生活。他在一首《观妓》诗中抨击那些出入享乐腐化场所的官员："独惭须鬓星星现，无复苏州恼却肠。"所谓"苏州恼却肠"，是指唐朝的刘禹锡在苏州任刺史时，李绅请他赴宴，酒席间安排舞女助兴。当时苏州正遭水灾，刘禹锡正在赈灾，对此很反感，便写下一首《赠李司空妓》的诗："高髻云鬟官样妆,春风一曲杜韦娘。司空见惯浑闲事,恼乱苏州刺史肠。"余文龙正是具有刘禹锡那样的爱民情怀,才能为家乡一次次地捐款,一次次不遗余力地为家乡办实事。

五、支持古田文士著书。 古田的一位文士郑文昂曾经在四川泸州任州判,但他却辞职来到南京,花了二十年时间编成《古今名媛汇诗》一书,共20卷,分十二册,是当时收录女性诗歌最齐全的诗集,成为晚明畅销书而风行天下。是时,余文龙也在南京任工部主事,郑文昂在编书中得到他的支持和帮助。这套书有三篇序言,第一篇序是由状元朱之蕃写成,对郑文昂赞赏有加,对该书推崇备至。第二篇序就是余文龙写的。余文龙对郑文昂的选诗作了充分的阐释和肯定。特别是这篇序文是由他亲笔书写后雕版印制。这篇序除了它本身的文化价值,同时也是一篇精美的书法作品,其书风颇似王羲之和赵孟頫。

六、支持家乡治政和文化建设。 晚年,余文龙带着亲手编写的一大箱子的书告老还乡了。他回到古田,认识了县令杨德周。他站在县衙边,看到了杨德周写的贴在门边的一幅字,上面写着:"所不与民伸冤抑,而任意低昂者,誓不生还!"他对杨德周这位父母官肃然起敬。他虽然看到了明朝末年内乱外患的败象,却希望杨德周治县有为,希望家乡古田有所振兴。余文龙和杨德周成了知交,他始终支持杨德周以风雅饬吏

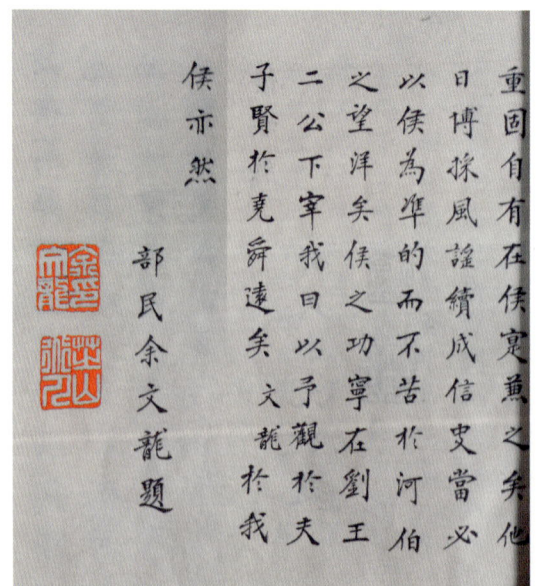

余文龙《玉田识略》序文影印件

治，百废待兴。

杨德周一到古田就到处寻访失传的《南岳唱酬集》。《南岳倡酬集》是朱子、张栻、林用中三人在岳麓书院讲学之余游览南岳时三人的唱酬诗集，收诗一百四十余首，十分珍贵，但失传已久。杨德周多方寻访，获得残本，整理成册。余文龙对杨德周抢救文化遗产、挖掘古田先贤文化的举措十分赞扬，欣然命笔为之作序。序中竭力宣传朱子和他的高弟林用中，对林用中更有赞美之辞，肯定了林用中的先贤形象。

同时，余文龙对杨德周重视古田历史文化，私修县志，编成晚明时期中国南方个人修志的代表作之一的《玉田识略》给予支持和鼓励，同样为之作序。序的全文用骈体文写成，极其用心，对《玉田识略》给予高度的评价和充分的肯定，使《玉田识略》更显珍贵的史料价值。

七、眷恋乡情。余文龙的父亲去世早，和他的兄长余文英相依为命，他十分珍惜手足之情。在一首诗中他写道："别来乡国忽更年，越水吴山又一天。夜雨每怀姜氏被，世途难着祖生鞭。鹡鸰行影苍苔上，鸿雁啼声红蓼边。几度梦中相见后，不知身在下江船。""姜氏被"是汉代姜肱三兄弟以孝行著闻，兄弟相互友爱，常常同被而眠的典故。鹡鸰、鸿雁都是比喻兄弟。老迈之年，他想家了，他曾经回到久违的前洋老宅。看着老屋正厅两侧照壁上精雕的"文章华国、诗礼传家"的朱子名句，想着兄弟共读的情形，感慨万千；他要子孙后代以耕读传家，读书报国。于是，他捐出一份俸银，为余家购置了一片"油灯田"，将来以田租收入资助农家子弟上学。

余文龙教有义方，其子孙都能承传家学，诗礼传家。其长子余兆胤，成为余文龙著书立说的好帮手，《史窗》二十五卷就是由他筹划刊印行世。其二子余兆昌，国子监太学生，培养了两个才女珍玉和尊玉。余文龙的孙子余圭，字告公，任光禄寺署正，为六品官，著有《挟仙楼集》20卷。余文龙的曾孙余琼，字则能，增广生出身，十岁能文，长于诗，为多士所重。

一代乡贤余文龙的事迹一直为历史的尘烟所湮没，鲜为人知。但在明代的《玉田识略》和乾隆版的《古田县志》中，有关余文龙的文字特别多，足见余文龙曾经名重一时，不愧为一代乡贤。他的神灵后来被祀入乡贤祠，为后人敬仰和崇祀。神位名称为"明赐进士出身中宪大夫江西赣州知府工户两部郎中起潜余先生文龙"。

前洋，千载古村出文龙，幸甚至哉！

（江山）

余文龙书法

余家才女双玉

明末清初，前洋村出了两个能名入《古田县志》的姐妹闺秀，胞姐余珍玉，字席人；胞妹余尊玉，字其人。珍玉、尊玉两姐妹都以诗扬名于世。她们就是余文龙的孙女。珍玉、尊玉的父亲余兆昌是国子监学生，堂兄余圭是诗人，著有《挟仙楼集》20卷。余氏双玉颖悟过人，在这样的书香门第，自幼接受家学熏陶，未及笄就诗名在外。

余珍玉年方十四，就有《咏竹》一诗为时人传诵。诗云："数竿菁翠远垂阴，清况偏宜小院深。风扫庭前鸣碧玉，月临树里伴瑶琴。径通南浦知根润，墙坏西邻见笋侵。我辈愧非嵇阮客，题诗犹忆旧时林。"

余珍玉的妹妹尊玉与珍玉一样聪慧异常，但她的性格与行为十分特异。自幼以男装打扮，出嫁后仍服男子衣冠，还异想天开想去参加科举考试。近人丁胜原、周汉芳编的《回文集》对于余尊玉的生平有这样的记载:"母陈氏以夫早亡,无嗣,自幼令其服男装,延师与姐珍玉读书塾中。"清代冯仙沚纂定的《图绘宝鉴续纂卷三女史》记载:"余尊玉,字其人,幼服男子衣冠。延师与姊妹珍玉读书塾中,未几能

文。善诗画,年十二学益进。四方声气,贤士大夫皆与之定交。才名籍甚,欲出应试,或尼(尼:阻止的意思)之曰:'黄崇嘏(唐代才女,曾考中状元)虽作状元何益。不如学班大家(班大家指汉代班固之妹班昭,中国第一个女历史学家),拥百城书,使海内贤豪,皆北面也'。"余尊玉后来成为宁德崔家儿媳,仍服男子衣冠,但不复接见宾客,真是怪异之至。

余尊玉"才名籍甚"。她最善于回文诗创作。在《古代妇女回文诗词集》中收有余尊玉的五首诗。回文诗即顺读是一首诗,倒读也是一首诗。艺术性高,手法独特,由此足见余尊玉诗词功力。余尊玉有一首七言律的回文诗《雁字》:

风敲竹影鸟穿篱，寂寂秋声草色姿。

丛菊茂开偏映水，艳花娇吐自临池。

东楼舞叶观琴弄，北塞飞鸿对笛吹。

空寄远书传信去，融光淡月落浮厄。

我们试着顺吟和倒诵，都像行云流水般琅琅顺畅，让人叹为观止，足见其诗作水平了得。

余尊玉不但会诗，而且善画，其名收入《福建画人传》《图绘宝鉴续纂》《中国美术家人名辞典》。

余珍玉、余尊玉两姐妹合著有《绮窗迭韵》，由福州名士徐钟震（徐勃之孙）为之作序。

余氏双玉，真才女也！

（江山）

名噪京都余廷珪

余廷珪,字琢山,余氏第三十三世孙,其父自厚,字守拙,太学生。余廷珪于清嘉庆戊午(1798)科中举人,又于嘉庆己巳(1809)考中恩科进士,授内阁中书,任礼部主事,历官国史馆校录,文渊阁检阅。文渊阁检阅官职责是掌《四库全书》的排次清厘等事。

余廷珪学问渊博,所为诗文,典雅华丽。他性情清介,不喜奔竞,不附权贵,安于本职,不入官场角逐。他在京都供职,公暇手不释卷,至老犹勤力抄写,以文才名噪京都。余廷珪去世多年后,同乡人有入京都者,尚能听到馆阁中人士对他的赞扬之声。余廷珪的同年(同科进士)郭尚先官至光禄寺卿、大理寺卿,博学多艺,工书法、善绘画,名满京师,但他却十分羡慕余廷珪的学识行谊,两人结为莫逆之交。余廷珪解组归乡后,他的同年刘鸿翱时任福建巡抚,特聘他为延平书院讲席,一时学风大振。道光年间,余廷珪曾与本县贤达纂修《古田县志》,稿本完,惜未付梓,此稿也不知所踪,古田

错过了这段修史的机会,甚以为憾。

余廷珪诗文散佚殆尽,仅存《张星象传》一文被收入民国版《古田县志》。另:现杉洋蝉林祠中悬挂的余氏行第联即是余廷珪主笔编撰,余氏始祖余焕墓重修的碑记也是余廷珪撰写的。

余廷珪弟廷玑,附贡生;弟廷琮,庠生,可谓连枝竞爽。

(江山)

 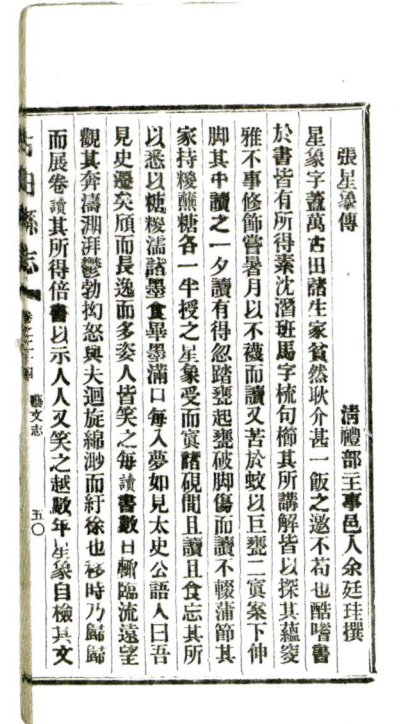

余廷珪书写的楹联石刻　　民国《古田县志》影印件

一举成名余瑞镛

读过《范进中举》的人，都知道古代考举有多难，也知道中了举有多荣耀。

古时考举人，先要考中秀才。考举人三年才一试，全省中举者，少则几十名，多则百名。多少读书人皓首穷经也挤不过这道独木桥。偏僻山村，能出一个举人便是合村天大的喜事，县令也要前来祝贺一番。中国有多少个村落，兴村千百年都出不了一个举人，更别说进士了。

可喜的是，前洋一个小乡村就出了十几位举人，余瑞镛便是佼佼者之一。

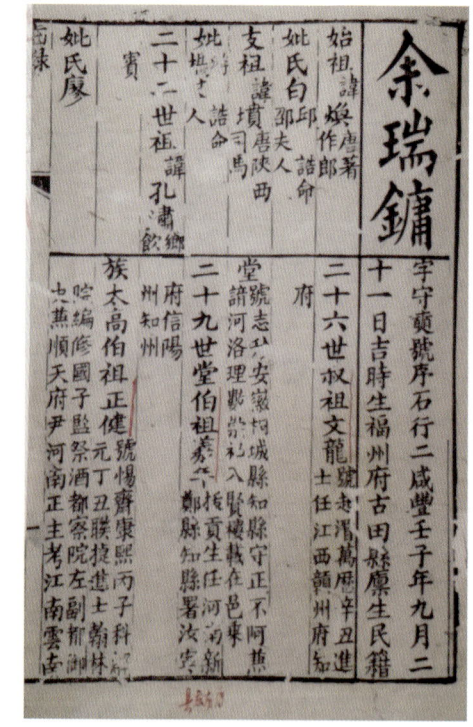

余瑞镛简历表

余瑞镛，字守爽，号序石，咸丰壬子年（1852）生。其先祖就是余文龙之兄余文英。他的祖父是太学生，父亲是贡生，可谓书香门第，诗礼传家。他33岁参加光绪乙酉年（1885）科乡试，中试第四十五名举人，也算是少年得志。余瑞镛自幼接受庭训，入本族余家私塾，得良师启蒙，而后入县学及古田奎光书院，府试取案首（第一名）。中秀才后入福州鳌峰书院深造，受山长（院长）曾光斗的教诲，备战迎考。

考举人要用九天时间，通过三场考试。题目来自《四书·五经》中的某一句话。写的当然都是八股文。余瑞镛第一试的题目是《子曰骥不称其力称其德也》，这句话出自《论语·宪问》。余瑞镛下笔洋洋800多字，得心应手，八股分明，文路清晰，房官（分房阅卷的同考官）阅卷后的评语是"灏气盘旋，真力弥满"。第二场的题目是《君子和而不流》，房官批语是"气清而腴，笔曲而达。"第三场的题目是《有孺子歌曰沧沧浪之水清兮……》，房师（阅卷官）的批语是"机圆词熟，局度安详"。最后还有一篇试律，即五言八韵诗一首，房师加批是"端庄流丽"。由所荐选的文章，最后由大主考翰林院侍读学士咸安宫总裁总批："逸态横生，经策明畅"，在总卷上写一个上竖长下竖短的"中"字。因为贵字头的中字一竖是上长下短的，这个"中"字既示意富贵通天，又预祝更要出头。

于是，余瑞镛就中了全省第四十五名举人。

考举的三场考试，首场至关重要，大有成败在此一试之说。兹将余瑞镛首场考试的文章加以标点，附录如下。文中由"骥不称其力称其德"引发开来，论及人才要重品德的道理，值得一读。同时也可了解一下科举的八股文章到底是啥样子。

（江山）

【附　录】

子曰骥不称其力称其德也

余瑞镛

　　称人者当知其实，圣人借证于骥焉。夫骥之力固奇，而实则其德之美也。称骥者当知其实，而况称人乎？昔夫子以麟凤之姿而生于尚力不尚德之世，由是麟有德而相惊为怪，凤有德而或叹其衰。无怪乎世之人惟力是称。偶得一士，辄啧啧然，诧之曰奇才奇才，而其才之所以奇者，反湮没於庸众人之耳目。而其美弗彰，此知德者鲜。我夫子所由感慨系之日者，因借骥以立论曰：今夫人孰不知骥乎？今夫人果孰知骥乎？夫所称为骥者，必其内克全乎强固坚贞之性，略无所亏，而后外得展其雄奇矫健之材；骨无所沮；常则养乎镇静和平之气，绝无所暴；而后变，能历夫险阻艰危之地，乃无所惊。此骥之所以为骥也。奈何人之称骥，竟有以力者。至健者力，而骥之力则健甚。然力非骥之全体，特骥之偏端也。知骏骨天成，当索诸牝牡骊黄之外。至刚者力，而骥之力则刚甚。然力只骥外见之迹。非骥内蕴之真也。知名驹上选，固自具超群轶类之资，然则人可以知所称骥矣。其品类上应房精，□物特隆赋畀；其汗血来从翼产，山川实毓灵奇。其在厩冠天闲上驷之班位置高而精神益敛；其识途历水曲蚁封之险，谙练久而骄悍胥平。其材自堪致远，不与驽马争功；其貌实足空群，匪等杰骛负气。其重价非千金莫市苟得。逢伯乐敢忘报主之思？其雄姿非百里可羁，即误服盐车，耻作依人之态，其力也欤哉，其德也称不称之间，辩之不容不审也。且夫神骏之笃生，固不偶耳。迈种也。而驽骀畜之，此不知骥者。无论已若明明既知为骥，犹仅以其□□焉。骥虽或感其恩，而转自伤其遇者无他，力愈彰而德愈隐耳。千古磊落英多之品，原不求物色於当途，即使闻达无期，而养晦韬光，何妨抱孤芳以自赏。则与其称之。而一顾已觉其无余，何如不称而毕生犹留以有待怜才者，操鉴不可诬矣。盍详审而深其本量也哉。且夫英奇之遭际，本无常耳。骅骝也，而泛驾疑之，此不称骥者，无责已；乃明明既称为骥，犹仅以其力美焉。骥虽稍展其能，终难自伸其志者，无他，力见优而德反见绌耳。从来瑰奇卓荦之英，非不欲呈材於斯世，诚使知音可遇，而履危历险何难？洗凡马而皆空，则不轻其所重，以知之小者枉其材；而重而舍轻，以受之大者完其量。伏枥者壮心犹未已也。庶感激而愿许以驰驱也夫。

同考官批"荐"：町畦独辟，经策兼长。

大主考批"取"：笔阵欹寄，经策条达。

大主考批"中"：逸态横生，经策明畅。

抚孤成才的林雪姑

林雪姑，前洋儒士余超璧之妻。余超璧，字卡石，太学生，获授正六品衔。余超璧英年早逝，雪姑坚守贞节，内外家事，一手操持，一心抚孤。其子余鸣鸾敬尊母训，苦读成才，获选附贡（即乡试中副于正榜举人的考生，类似于副举人）。

道光二十五年十二月，林雪姑的事迹由地方报朝廷礼部，获旨旌表，于咸丰三年建牌坊，神灵入祠。

古田县教谕邱钊为牌坊撰铭文，实际上也是一首赋或四首赞诗，一韵到底，很有文采。为便于阅读附以注释。

铭曰：

懿惟安人①，巾帼之英。柏舟志遂②，荻训功成③。

一枝丹桂④，文苑蜚名。兰孙颖惠⑤，龙角峥嵘⑥。

宜其备福⑦，萱草长荣⑧。登辀轩採⑨，受朝廷旌⑩。

钟仪郝范⑪，千古同声⑫。

【注释】

①懿：美德。惟：语助词。安人：六品官之妻的封号。

②柏舟：用柏木做的船。《诗经》中有《柏舟》篇。成语"柏舟之节"，言妻子在丈夫死后誓不改嫁。

③荻训：成语"修母荻训"，是说欧阳修之母郑氏，在欧阳

修四岁时守寡，家贫，用荻草的梗在炉灰里教子识字，并教育儿子继承父亲为官廉洁和处世守贫济困的风范。

④ 一枝丹桂：指林氏孤子余鸣鸾考中附贡生，文庠成名，有蟾宫折桂之才。

⑤ 兰孙：指林氏雪姑的三个孙子。

⑥ 龙角峥嵘：比喻人才卓越。林氏三个孙子守宝、守望、守桃皆为庠生。

⑦ 备福：完备齐全之福。

⑧ 萱草：又称忘忧草。代指母亲。母亲居北堂，北堂幽暗，宜种萱草，希望减轻母亲对游子的思念。

⑨ 軿轩：古代使臣乘坐的一种轻车。採：同"采"，搜集。登軿轩採：事迹得到朝廷使者的采集上报。

⑩ 旌：旌表。

⑪ 钟仪郝范：晋代司徒王浑的妻子钟氏和王浑弟王湛的妻子郝氏都有好品行，其仪容风范为后人赞颂。

⑫ 同声：声誉与钟郝相同。

（江山）

牌坊铭文拓片

为教育奉献一生的侨贤余泽春

余泽春，1893年重阳节出身于古田前洋村耕读之家，学名薪传，后改辛传，号少衡。余泽春小时就读于本村私塾，后来入县学。1906年废除科举后，他考入由陈宝琛创办的福州全闽师范学堂普通科，1910年毕业后曾回前洋村美以美教会附设的小学任教，1912年转任福州中洲延龄西药房司账。

1917年，余泽春南渡至新加坡小驻后就转至马来西亚。1919年，他在雪兰莪州的甲洞开明学校执教一年后，便往福州人集居的甘文阁的国民小学担任校长。在执掌国民学校10年后，请辞离开。1931年出任中正华文小学校长，但只半年时间，他又重返国民学校再度掌校，总共在甘文阁国民学校任校长长达40余年。

掌校期间，1952年，马亚西亚政府施行新薪制度，余泽春被列入A级，三年后再擢升特级。其间，他还被马来西亚政府委任

马来西亚南华独立中学

为谘询委员。同时,他还先后担任过南华中学常务董事、天定华校教师公会主席,曾代表叻州华校教师公会荣任马来西亚华校教师总会主席,挑起领导全国教师的重担。

余泽春除了一生献身教育事业,他也积极参与政界和社会活动,他曾出任甘文阁地方议会议员及实兆远中华公会教育股长多年,也担任过实兆远基督教会领袖和甘文阁卫理公会宣道堂会友领袖。

余泽春享年84岁,桃李满天下。他育有4男2女,其中有4人以及两个女婿计6人都在学校任教,或当校长,其孙辈也有多人从事教育事业,余泽春一家堪称教育世家。

值得关注的是,另一位古田籍侨贤、我国著名的九叶派诗人、编译家杜运燮还是余泽春的学生。

余泽春和杜运燮的父亲杜世发是同辈,同在甘文阁生活。杜运燮出生在甘文阁,比余泽春小25岁,他的童年和少年时光都在甘文阁度过。余泽春掌教甘文阁国民小学和中正学校期间,杜运燮先生就在他的门下读完小学和初中。遗憾的是,至今未能找到更具体的资料去记述这两位侨贤师生之间的交集。

(江山)

(阮以敏 摄)

吴恒宝
——"党外唯一的布尔什维克"

1944年2月,中共闽江特委书记黄宸禹来到古田,开展秘密动员工作,要重建革命武装。卓洋乡前洋村的年轻共产党员余三江、余作铭、余泽渭、余立大等人积极响应,欲参加游击队,但他们的家人却不同意。

当时第一个要报名参加游击队的是余三江。据余三江回忆,一天中午吃饭时,他与母亲通了个气,希望能得到她的支持,想不到她老人家没有这个思想准备,如晴天霹雳,手里端着的一碗饭也抖落到地上,号啕大哭。余三江的四嫂怕外人知道,立即把大门关上,几家亲人都赶来劝解,毫无办法。情势极端对立,余三江想尽办法还是说服不了母亲,他的老母亲自然也阻止不了余三江的报国之心!四嫂两头为难,束手无策。

牧师吴恒宝得到这个消息后,立即赶到余三江家里,安慰了他的老母亲。由于她是虔诚的基督教徒,最听"主旨意"。吴恒宝先生便以牧师的身份为她祷告,并翻出《新约全书》中的一段经文念给她听，这段经文大意是："耶和华说真理会战胜邪恶，正义将驱逐魔鬼……"他还做了解释，说："共产党、游击队是代表真理的；国民党反动政府是魔鬼、是邪恶。共产党一定会战胜它，以后这世界一定属于共产党的……"

前后不到半个小时，余三江母亲思想通了，转为高兴，开口喊："七仔（余三江乳名），妈错怪你了。你去当游击队是正义的，我很欢喜，我同意你去。"

余三江在回忆这段历史时深有体会地说："吴恒宝先生所做的工作是任何人无法代替的，我至今还非常感激他！"

这位牧师吴恒宝（1907—1998），出生于古田县泮洋乡大垱村的一个农民家庭，年少时家贫而体弱，但聪慧敏学，积极上进。他于民国十二年（1923）以优异的成绩在古田县超古中学毕业后，由其叔父带往福州培元书院读书，1934年毕业于福建省协和神学院。1938年，吴恒宝被基督教福州年议会按立为"正牧"，派往古田县前洋教堂任牧师，从此走上了身在基督教会，心系共产主义事业的特殊革命道路。

吴恒宝在前洋期间（1938—1948），受共产党人杨人屏、余仲忾、余志敏、刘捷生等人的影响，阅读了《共产党宣言》《唯物论》等进步书籍，接受了共产主义思想，领悟了革命道理。1942年1月，吴恒宝与余作铭、余三江、余养素等人一起加入了中国共产党，成为前洋共产党支部的中坚力量。此后，他以牧师的身份为掩护，在无形的战线上做了许多通常人无法做到的事，成为一名党的特殊战士。

吴恒宝巧妙利用牧师的合法身份与教会讲坛，积极渗透、宣传党的思想方针。他编印了用于前洋基督教青年团夜校的政治材料，并亲自授课，利用当时开展的"农村扫盲识字"的教学过程，进行革命教育，使许多群众接受了共产主义思想。这所基督教会办的夜校无形之中成了一个奇特的党的"外围组织"。在他的影响下，许多进步群众加入了中国共产党。

吴恒宝在前洋教堂会客室举办的这个与地下党组织有着千丝万缕联系的基督教夜校，以极其隐蔽的形式推动着革命工作的开展。在党组织的领导下，他用自己的知识与智慧，不仅教育、栽培出了不少的青年革命者，还鼓励爱主爱国的信徒姐妹们支持自己的儿女参加革命，培养出了一批巾帼英雄——"革命好母亲"。

当时吴恒宝的薪水和口粮十分微薄，但为了支持革命，他尽心竭力，慷慨解囊，不断想方设法接济共产党游击队。1944年3月，古田武工队成立，由刘捷生任队长。这支新组建的武工队来到前洋片区后，吃饭问题要靠前洋党组织解决。游击队数次断炊，吴恒宝积极去大埕筹集粮食，运来大米等接济，使他们摆脱了困境。

1945年冬，刘捷生奉上级党组织命令，到前洋组织召开会议，会上他传达了上级关于"抗战胜利和国共两党和谈破裂后的形势"的指示精神，并指示：国民党正在加紧清剿南方游击队，大家要提高警惕，注意防范，并做好宣传。在场的吴恒宝立即表示："我可利用牧师的合法讲坛做这项工作。"

吴恒宝勇敢而机智，他在"讲道"时有机地把《圣经》的教义和抗战胜利、和谈破裂、国民党政府撕毁"双十"协定等内容巧妙而又恰当地结合起来，借以揭露国民党政府的罪恶行径。

据余养素回忆，吴恒宝在一次讲道之末，照例地祷告说："主啊，十四年抗战胜利了，全国人民都很高兴！希望今后能过平安的日子，政府当局也和延安边区政府签订了和平协定。这是四亿五千万人民的共同心愿。想不到只一个月的时间，内战又爆

发了！老百姓听到这消息很不满意……"接着又说，"我们呼吁政府当局，应体贴民情，立即停止内战，让老百姓过安居乐业的日子……"会友们听了后群情激奋，他们都渴望和平，反对国民党挑起内战。当时的地方知名人士余泽洪离开教堂时说："吴牧师这个道讲得好，讲出了我们老百姓的心里话，国民党的所作所为，不得人心啊！"

吴恒宝不仅用他的特殊身份开展了大量革命宣传工作，还借此协助解救出了许多被国民党反动派抓捕的共产党员和群众。1948年，吴恒宝在因病回家乡大乾村休养期间，还冒着巨大风险帮助余三江的母亲躲避了国民党反动势力的追捕。

共产党人吴恒宝，因其长期以基督教工作为掩护，开展党的地下工作，使他在其中的一些非常时期不得不停止与党组织的联系，以至于党内的很多同志并不知晓他共产党员的真实身份。

新中国成立后，吴恒宝本来可以申请恢复组织关系，并参与地方政府管理工作，但他并没有急功近利，同时因为热爱基督教工作，故一直坚持开展教会事务。1964年3月，古田县政协第四届委员会特聘吴恒宝同志为宗教工作组成员，他又积极地服务于党和政府的宗教工作。

后来在很长的一段时间里，吴恒宝被各界误认为并非党内的工作者,而是亲资的传教人员,遭受了不公待遇。迫于无奈,他才将相关情况上报至宁德地委。1984年4月,古田县委按照宁德地委通知(宁地委〔1984〕综47号),根据中发〔1984〕24号文件精神,宣布确认吴恒宝同志曾于1942年加入中国共产党,用以证明吴恒宝长期以来为党、为人民工作的事实。但出于所从事工作的性质,吴恒宝不再恢复党员身份。

吴恒宝是一位长期战斗在无形战线的党的特殊战士,是一位为古田革命事业做出了重要贡献的"红色牧师"。出于后期不再恢复党员身份,他被当年一起参加革命的老领导、老同志誉称为古田县革命与建设时期"党外唯一的布尔什维克"。

(吴谨)

才华横溢的余峥

余峥（1954.5.24—1995.11.4），前洋籍1972年上山下乡知识青年。由于爱好文学，有写作能力，曾在卓洋公社文化站工作，也协助公社做文化宣传。1977年参加高考，是年福建文史类录取分数线仅210分，余峥以402分的成绩列古田高考文史类榜首。

遗憾的是他后来只被宁德师专录取。毕业后，由于成绩优异，留校任教，数年后由于教学成绩突出，被评为副教授。

余峥是一位很有才华又十分勤奋的青年知识分子。1993年获国家资助的"中青社科基金研究课题"赴北京大学当访问学者一年。他发表有专著《九叶诗派综论》，参著《中国新文学简史》《中国现代文学流派概观》。他在国家级、省级刊物上发表大量的文学理论作品和文艺作品。有：《试论〈北京人〉中江泰形象的塑造》（中国人民大学《戏剧研究》），《当代审美意识与剧作艺术格局的创新》（安徽省艺术研究所《艺谭》），《曹禺剧作的诗意》（中国人民大学《戏剧研究》），《文化断裂带的心理投影——茅盾、巴金创作视角之比较》（高等学校文科学报文摘），《她在建构一座独特的文学立交桥》（《当代作家评论》），《文化描述与符号研究——新时期文学批评态势辨析之一》（中国作协山西分会《批评家》），《神话重构的现代抉择——漫谈〈伏羲伏羲〉》（《文学研究年鉴》)，《文学：面对世纪末的抉择》(中国作协广东分会《当代文坛报》)，《晚明诗歌鉴赏》(《中国历代诗歌名篇鉴赏辞典》)，《军事文学女性观的深化与更新》(《昆仑》)，《学生的激情 学者的智慧——九叶诗派新论》(《中国现代文学研究丛刊》)，《透过〈围城〉看文化审思的自嘲品格》(《理论学习月刊》)，《走与留：精神空间戏剧形势——曹禺剧作新论》(《天津师大学报》)，《原型批评的立体交渗——新时期文学批评态势辨析之二》(海南师院学报)，《文学研究会学术品格的团体活力》(《上海教育学院学报》)，《女性意识的周延与定位——毕淑敏小说侧论》(四川省作协《当代文坛》)，《左翼戏剧初潮的一双海燕——杨骚、白薇三十年代初戏剧代表作合论》(中国人民大学《戏剧研究》)，《上帝的梦解读》(《中国现代文学研究丛刊》)，《美在盈盈地漾开》(《读书》、西南师大《中外诗歌研究》)，《无法回避的追向》(《小说评论》)，现代散文研究的出新落实 (《山西师大学报》)，《中外诗歌比较：礼会综合的立体探照——"九叶"与奥登们》(西南师大《中外诗歌研究》)，《社会综合的立体探照——九叶诗派与三十年代英国粉红色诗群》(《江海学刊》)，《智性透彻于生命——诗人杜运燮论》(福建省委党校《理论学习月刊》)，《现代性与民族性交融的新诗学——论唐堤诗论与诗评（上）》(西南师大《中外诗歌研究》)，《最终的海：人类与诗的栖居家址》(《诗探索》)，《现代性与民族性交融的新诗学——论唐湜的诗论与诗评（下）》(西南师大《中外诗歌研究》)，《诗坛智者与顽童——诗人杜运燮论》(《中国现代文学研究丛刊》)。宁德师专学术专刊《宁德师专学报》发表论文25篇，在《闽东文艺·〈采贝〉》也有数十篇作品。

特别值得提起的是，余峥很早就对中国新诗派"九叶诗派"有全面的研究。他与九叶诗人中的七人唐湜、杜运燮、袁可嘉、穆旦、郑敏、陈敬容联系密切,都有过直接访问,留有书信往来、照片、当事人口述录音,以及20世纪三四十年代文报刊物。除了写有专著《九叶诗派综论》,他还拟分别为各诗人写传、纂写系列书目,所以他收集的相关资料颇丰,可惜英年早逝,宏猷未竟。

(江山)

佘孔潚文选

蒸尝草叙

夫生事死葬，人子之常礼也。祭而追远，民德之归厚也。盖祖父子孙，一气之遗体。为云礽昆来，百世之尊亲也。况其肇刱，祖宗营谋于前，子孙受成于后，乐其所乐，利其所利，又焉得不推本而怀其思哉。故先王之政，敦孝敬，重祭享，而圭田之制作矣。与夫葬爵祭禄之详，三鼎五鼎之设，是皆天理之当然，人心之感发。恭惟我圣朝列圣，相承以孝治天下。通神明，光四海，垂拱数百年。天地位，萬物育，而於期礼犹为严密。虽田野之民，薮滨之庶，莫不沐其渐摩鼓舞之庥而兴。其爱亲敬长，慎终追远之礼矣。且山川之储秀，岱岳之钟灵，其于感格至诚之显，如影之随形。响之应物。若昭君之魂，葬以隆于炎汉。甫申之岳，降立干于姬周。是皆致如在，严祀事，以安其先灵，而修其国祚也。缅维我始祖焕公，由唐之末，始宅蓝田。至三世祖宥公，官至左儒林郎、温州平阳县令。致政，复肇基安民里西洋。遂移次子墳公，官陕西司马，入此而定居焉。坟公長子租公，租公嫡孙春公，春公带子韶公，而开基路上。韶公元孙鹏公，复移居本处芝山，世代昌荣，流芳叠叠。奈何厄于大明洪武永乐之世，房亲以

凋落。先君克修公，幼龄十四，叔克和公方孩六月，遂失怙而无告者。为何？盖缘病于宅场。虽来龙真穴正，奈嫌垣局浅窄，繁甚难容。先宗又失驰谋外善。乃宣之计，是以致其然也。地理云：大凡阳宅，要穴大宽阔，连绵平快，朝山横正，面前宽。可作市井於内外，似此方为阳宅。居窄小难容，君莫爱。若夫阴坟逼窄，但得明堂平正，左右有情，前后无破，亦可庶几以次为用也。故曰：風水切须勤要辨，兴衰贫富总相关。吾为此惧谋，暨诸兄侄等，或售基，或肇剏于里之田头。后板、西洋、苏洋、县之半街、長桥、仁寿、水口、闽清等处，以启其行远升高之端，盈科成章之兆。吁！地薄者，大物不产；水浅者，大鱼不游。而欲以蹈乎吾之族绵衍，以达郡郭之大，后世之贤，有作者可不勉诸吾心乎？又以吾之族谱而鉴，分房析派，昭昭有图，井井有纪。若以拘拘于泗州，守守于鄱阳，岂能衍乎吾之建州延福、兴彰东广之曲江，山东之青州者也。先君在幼，煢煢孤危，顺承祖母，无敢有怠。当此之时，犹丝吊卵，守承先业，不易支持。岂非所谓孤臣孽子其操心也。危其虑患也，深欤！幸而叔父成能室家，相宜壎箎既翕。正当有作之秋，不幸又罹荼毒。叔父夭于巳丑之正月。呜呼！绮席正开银烛暗，兰舟欲泛桂桡亡。时则长兄孔澄年方十二，仲兄孔渊且年方有九，季兄孔清幼龄。堂兄孔淮未满三岁。迨孟秋。方予有生。公则里役般首之差，私则子幼世业之累。吁！雪冻关遥羸骑困，月迷江阔断鸿悲。尚犹劳机运虑，崇产益业，卓然自立，踵武前庥，训诸子以儒业，配诸子以名门。诗云：淑人君子，其仪一兮。公庭推其义，里闾宗其仁。阳功阴德，惟恐有违，亦以赖乎吾妣丁氏，端厚慈仁，克治内相，厨堂善计，静默寡言，礼貌施为，無非中节。实能佐先君，以为中兴之祖矣。虽百世之远，安敢忘其劬劳，而忽其报赛也哉。先君以叔父倾逝卜葬施坑，且曰：吾与兄弟肢体至爱，生则同气，死则同穴。故遵而命葬焉。缘吉地乃神之所司，吉人乃天之所相。苟非其人，则此穴将晦而不显，得无归咎于时师者耶。虽历代先茔，无有不善，未有冠于斯坟者也。地理曰：阴地好，不如心地好。实吾亲之致如在，诚孝感所得以绵其瓜瓞也矣。

时　大明成化元年春正月望日　焕公二十一世孙智房　孔溯谨志

（孔溯为前洋余氏一世祖）

余文龙诗选

关山月

铁马嘶风路几千，龙沙漠漠草芊芊。
胡笳夜吹关山月，战士连营尽控弦。

梦 怀

故国七千里，俄乘一叶归。
忽为鸡唤觉，有泪在征衣。

溪村夜望

烟色泛轻澜，飘飘枫树寒。
夜深鱼睡稳，明月下沙滩。

惜花歌

可怜红艳灿如霞，何事飘零委地斜。
恐是子规多薄倖，教他风雨妒芳华。

昭 君

明妃上马嫁呼韩，不为君王泣别难。
只惜汉家千万骑，却教女子结戎欢。

问 牧

短笛横吹信口歌，倒骑牛背踏平莎。
川原一望无芳草，复指前冈深处多。

官人入道

解却云鬟戴素冠，洗将铅粉拜星坛。
虽然不作游仙梦，犹记深宫似广寒。

织女答牵女

相思忘日久，报道鹊填河。觅镜忙修鬓，抛机急下梭。
不堪长寂寞，空惜久蹉跎。此会殷勤后，迢迢恨转多。

答朱王孙

下识韩公宇，偏勤孺子临。夜寒千障月，秋静万家砧。
世路知夷险，交情谛浅深。章城犹在目，雁过已传音。

观 妓

十二琼楼望有光，妖姬绰约靓新妆。
平阳舞袖增迴雪，子夜歌声上绕梁。
肌骨薄欺金翠重，绮罗疏透蕙兰香。

独惭须鬓星星现，无复苏州恼却肠。

飞来桃花

不嫌轻薄自悠扬，故逐东风上下忙。
艳比太真妆更媚，轻于飞燕舞犹香。
天台渡口迷刘阮，鄢郢宫中怨楚王。
就是飘零犹卖俏，岂甘红粉一时藏。

鄱阳舟中

别来乡国忽更年，越水吴山又一天。
夜雨每怀姜氏被，世途难着祖生鞭。
鹡鸰行影苍苔上，鸿雁啼声红蓼边。
几度梦中相见后，不知身在下江船。

题浦口城楼

高楼巋崒倚江边，上去云霄尺五天。
十里周遭飞百雉，六朝风雨去千年。
波间倒影钟山色，浪里浮光玉浦烟。
自是东南真保障，举头王气郁苍然。

余文龙文选

南岳唱酬集序

东屏林先生，予乡先达，理学名儒也。向从游於朱晦翁之门，与建安蔡元定齐驱并驾，晦翁至推为畏友，甚敬礼之。通悟修谨，足不出户。偶偕晦翁走潭州，访守张敬夫，因有南岳之游，所著唱酬诗百四十余首。会中叶散轶，久失流传，遂不获与翠屏、享帚二集并行于世，识者衔之。即文龙燥发以来，知有林先生，杳不闻有唱酬集也。崇祯辛未，四明厂石杨明府，世胄名公，秘函宿学，甫下车，即搜访石英，表章逸德，得其遗稿于西河氏。残断蠹蚀，重加较次，付之剞劂。征序於不佞文龙。

文龙曰：文章显晦，与仕途通塞互相关者也。先生遁迹鹿门，忘情鼠吓。身既隐矣，焉用文之？唱酬之作，无非借景写怀，适鸣天籁，以志师友一时追随之盛云尔。然言为心声，蕴必有洩。其一种灵睿之气，阴为鬼神所呵护，故历今数百岁而琬琰犹烂然星芒，脍炙人口也。行笃而文益灿，迹秘而名益彰，先生之谓耶！

予曩筮仕衡阳凡七年。所登眺南岳诸峰者屡矣。愧无如椽之笔堪探其奇。别去二十载，梦魂尚依依衡麓之侧也。今读先生诸咏，与往时所见一一印符。赫赫山灵，且快先生为知己矣。乃议者以宋不及唐为病。夫诗本性情，三百皆情也。先生幽贞之趣，直以明新为标的。则其阐发之词，亦直以达意为指归。况唐工风格，宋崇理道，其分途旧矣，又何必生吞李、杜，死嚼白、刘，轧句敲字，赘牙噤齿於清平世界，作魑魅魍魉语哉。厂石之刻，实先生之功臣。九原有知，当不以予言为盲聋者。

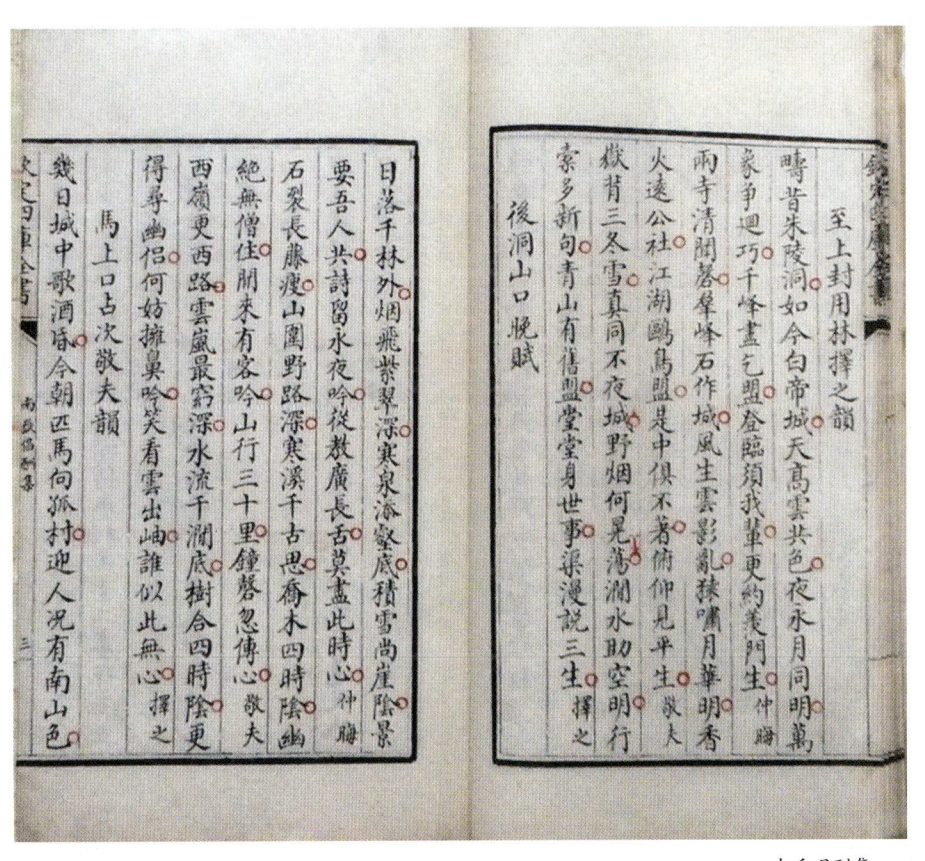

南岳唱酬集

余珍玉诗选

咏　竹

数竿菁翠远垂阴，清况偏宜小院深。
风扫庭前鸣碧玉，月临树里伴瑶琴。
径通南浦知根润，墙坏西邻见笋侵。
我辈愧非嵇阮客，题诗犹忆旧时林。

余家大院与大门前的月爿池

余尊玉诗选

关 山 月

明月照空山，远行夜上关。
情知独梦醒，枕染泪斑斑。

秋夜浣湖

篙撑一艇小，淡月秋波灏。
高树阁疏星，细萤依乱草。

姐 妹 词

看衣将姐约，新妆妹题晓。
半夜梦人归，低声语悄悄。

采 莲 曲

采莲将伴结，红花插绿鬓。
载船把郎呼，转愁即错认。

独 酌

松风听谡谡,月浸草堂斜。

侬醉一樽酒,菊开半朵花。

雁 字

风敲竹影鸟穿篱,寂寂声秋草色姿。

丛菊茂开偏映水,艳花娇吐自临池。

东楼舞叶观琴弄,北塞飞鸿对笛吹。

空寄远书传信去,融光淡月落浮卮。

(注:余尊玉六首诗均为回文诗,可倒读。)

余廷珪文选

邹陵阮氏族谱赞

维天眷佑，善人是兴。延及孙子，继继绳绳。
懿厥阮氏，世有伟人。宗功祖德，累代维新。
袍笏盈朝，簪缨继起。或为状元，或为御史。
凡斯奕耀，罕有其比。光乎闽南，显于梓里。
择地而蹈，足称乐土。长发其祥，邦族斯聚。
于戏休哉，山以高而呈奇，水以深而贡媚。
维彼善人，躬膺福祉。弓冶箕裘，绵绵不已。
何以似之，其犹瓜瓞与葛蕊。

张星象传（节录）

星象字盖万，古田诸生，家贫然耿介甚。一饭之邀不苟也。酷嗜书，於书皆有所得，素沈潜班马，字梳句栉，其所讲解，皆以探其蕴奥雅，不事修饰。尝暑月以不袜而读，又苦於蛟，以巨瓮二置案下，伸脚其中读之。一夕读有得，忽踏瓮起，瓮破脚伤而读不辍。蒲节其家持粽蘸糖各一半授之，星象受而置诸砚间，且读且食，忘其所以，悉以糖粽濡诸墨，食毕墨满口。每入梦，如见太史公，语人曰：吾见史迁矣。

逾时有以星象文质龚海峰先生者。海峰博极群书，於人辄少许可。然见星象文即往访焉。星象与之谈，原原本本，海峰心折，延而馆诸其家。当是时朱文正公亦以馆职视学闽中，按试福州郡，以拟昌黎行难篇，擢星象第一。

（注：《张星象传》见民国版《古田县志·艺文志》。）

余守拙文选

生圹序

昔庄生寓论以死为逸,刘熙释名以葬为藏。盖伏羲画卦,有归魂之义;轩辕说气,有入墓之辰。物莫不有所归。人则有甚所恶者,良以忌讳之见淆於中,齐物之观,昧於内也。夫中条山前司空寝食,河阳先兆韩昶自铭,君子旷怀,达人没事见,心甚慕之,愧不逮也。然远惟叔誉之观,近怀爽鸠之喻,彭殇之说,不必强同,窀穸之乡,安能或遁哉?余年已七十矣。谓为古稀,每怀滋愧,过此曰耄,料事愈昏,宰木未拱,掩幽有待。桑榆已晚,先事宜言。爰宗征南薄葬之令,预定庞公上冢之规。条之左方,示我有后。俾永言拜扫者,知所遵循焉。

(注:该序见民国版《古田县志·艺文志》。余守拙字自厚,系余廷珪之父。)

余祖柳诗选

前洋村八景

（一）连理古杉

双双厮守几春秋，依偎龙钟体贴酬。
先世齐眉留典范，今朝结发莫轻休。
柔情永吮清甜水，细语长谐美风俦。
作证人间连理好，夫妻仿效值堪諏。

（二）鲤鱼戏珠

维形维肖世称奇，的是神工鬼斧姿。
啄弄珍珠衔复吐，身游碧草跃还嬉。
春浓遍体呈苍翠，冬白周身缀玉琪。
岂肯永时安浅水，龙门一跳上丹墀。

（三）秋月神龟

神龟下涧洗嚣尘，沐浴清波黝赤身。
月泻松涛周地玉。激流浅石遍溪银。
勤劳科技民奔富，宽厚仁风众睦邻。

秋月携樽三五友，调琴其背醉仙人。

（四）吓蟆卫士

两栖卫士匿田边，保护禾苗福祉延。
夏夜鼓鸣剿稻虱，严寒蓄锐蛰冬眠。
千穰成熟奉公见，四廪充盈大有年。
名利无求农友善，子孙蝌蚪着垂怜。

（五）玄武虹桥

擅名景点数村东，潋滟波光卧彩虹。
脚踩龟蛇恒镇守，手持剑戟显威风。
晨迎旭日红霞丽，午歇桥林懊恼空。
世上蓬莱何处是，舒怀如此即仙翁。

（六）洞天战友

隐秘峒岩别有天，豪猪洞里是神仙。
燎原星火缘何处？举义滥觞在此先。
感化冰霜缘信念，志坚钢铁赖鸿篇。
今朝建设和谐境，饮水思源共勉旃。

（七）鹞鸟传奇

村西鹞鸟久传玄，雨箭风刀羽翼坚。
觅食更深飞四境，酣眠白昼卧山前。
声鸣晴日扬清脆，咽涩阴霾感爱怜。
遭受暗枪伤啄后，永蹲寺后忆华年。

（八）古殿松影

虬松荡迹剩泥沙，庙畔当年烈日遮。

松下商人愁本利，涧边农友话桑麻。

樵歌歇担消烦恼，牧笛哄牛渡水崖。

拔地参天遗幻梦，留今古殿映丹霞。

［注：余祖柳（1925—2017），前洋人，曾任古田县工会主席、中共县直总支书记、古田二中校长、《古田县志》副主编等职，享受处级待遇。］

前洋楹联选

门拱紫宸春富贵；
天开黄道日光华。

（余新章厝门联）

祥光凌北斗；
瑞气接南山。

（余家大院门联）

聚族而居择善以处；
依仁成里与德为邻。

（余剑辉厝门联）

天开锦绣三台瑞；
日照乾坤五凤祥。

尊孟辨辟群疑继往开来学正礼门义路；
阐鲁书作新传探原竟委道通月窟天根。

天地许多祯祥唯和可致；
古今无限事业有志竟成。

门前山色水声莫非画意；
帘外花香鸟语便是诗怀。

富贵不难只在勤俭中寻出；
纲常至大每从孝悌上做来。

贻厥孙谋案有诗书庭有礼；
绳其祖武家宜孝友国宜忠。

室有余香窦桂谢兰周氏草；
家无别况唐诗晋字汉朝文。
（以上余作铭厝木刻楹联，例授修职郎太学生余心良 撰）

义震铜陵共庆枝连一气；
诗传薛荔咸推藻耀千秋。

传家唯孝友；
许国有文章。

匣中剑气摇山岳；
座上珠光射斗牛。

书千卷酒千杯春存蝌蚪；
名二苏才二陆人羡夔龙。

美誉播谏垣节凛风霜清豸府；
贤声垂艺苑蕴探衮钺疏麟经。

桂林树碧人如玉；
桃浪春深客是龙。

治世有两机织文织锦；
居家唯一鼎调藻调梅。

（以上为团结路25号厝木刻楹联。）

人物文采

庭院深深（阮以敏 摄）

红色记忆

中国历史文化名村·福建前洋

革命烽火

前洋村是福建省重点革命老区。早在 1935 年，大东地区在闽东特委的领导下成立了党组织，组建了游击队。这个时期，前洋党的地下工作者余仲德从福州回来，以创办前洋小学和担任联保主任为名，暗中发动本村青壮年余泽渭、余泽耀、李孔桃、李枝春等开展革命活动。同时，通过"不知觉"厂老交通员邹时文与闽东红军独立师政委叶飞和独立师二、三纵队联系，前后三次捐资为闽东红军购买了大量的弹药。期间就有余泽妹、余养桐、余

前洋革命纪念碑

德发等人加入红军队伍。1938年2月，余德发参加新四军三支队六团北上抗日，1938年11月在安徽西河战斗中英勇牺牲。

读书活动的进步书刊

抗日战争期间，前洋村有好多位青年学生到古田县城的超古等中学念书，在学校共产党人的影响下，他们积极参加抗日救亡活动，加入了党的外围组织"七七读书会"，先后有余仲光、余志敏、余作铭、余三江等进步青年加入了中国共产党。1940年夏，闽江特委特派省委武夷干校第一期结业的党员余泽波回古田从事革命工作。同时，到福州接受为期10多天培训的余仲光，经闽江特委派遣回古田配合余泽波以教师身份为掩护开展工作，成立了中共平湖区委（后扩建为古田工委），余泽波任书记，余仲光和陈淑楣任委员。平湖区委在前洋、凤埔、超古中学、育英小学分别成立了党支部。余作铭、余泽耀先后任前洋支部书记（注：余作铭第一任），余志敏任育英小学支部书记。从此，前洋党支部秘密进行了联系群众、发展党员、开展统战、筹建自卫武装等工作，一直坚持到古田解放，成为红旗不倒的支部。

1941年春，中共古田工委派杨人屏、余志敏到前洋，秘密吸收青年农民骨干组成古田大东自卫队，余泽渭为队长。后为解决活动经费，在宁古路上拦截国民党官商一批布匹，暴露行踪，遭国民党地方当局派兵追捕。闽江特委获悉后,派庄征来古田,采取了"隐蔽精干、长期埋伏、积蓄力量、等待时机,反对急性和暴露"的策略,将队伍化整为零,分散隐蔽起来。1943年2月,福建省委在建阳太阳山举办"武夷干校"第五期训练班,余志敏等人参加学习一个多月。余志敏回到前洋后,会同刘捷生、余作铭培养发展了一批党员,壮大了党的组织。同时,前洋党支部以前洋为中心,向周边乡村开展工作。6月,余志敏在澄洋、芝垅、中村这一带积极开展革命工作时,积劳成疾,突然胃出血不止,不幸英年早逝,年仅21岁。

1944年1月底,中共福建省委派黄扆禹、刘捷生等人秘密来到古田,在平湖沙洲尾召开会议,传达省委指示,决定重新建立古田武装队伍,开展武装反顽自卫斗争,打通闽北——古田——闽南的地下交通线,策应省委主力队伍南移。会后,各地党组织分头开展筹备工作。刘捷生、周道纯、余作铭、余三江等到大东一带发动筹备,余作铭、余三江还搞到一批手榴弹。

同年3月,一支有四五十人的革命武装队伍在高峻险要的古田县凤都五华山坝里厂成

前洋党支部活动旧址(余作铭家)

前洋党支部活动旧址(余志敏家)

立。当时因人多枪少，给养困难，组织上决定部分未暴露身份的同志先分散回去。只留下刘捷生、江作宇、周道纯、李忠群以及前洋籍的余作铭、余三江、余作回等十七个同志组成了古田武工队，队长刘捷生。古田武工队成立后，先后在古田大东前洋、凤都五华山、七保鸟仔垅、闽清的半岭一带训练和活动，当年游击队生活十分艰苦，缺少经费，缺少粮食、缺少武器弹药，全靠地下党组织和革命群众的支持。古田武工队在前洋村后门山茶山仔厂、梯坡厂、五斗里、甲竹洋坝头厂等地学习训练期间，前洋党支部组织群众保障了武工队的日常生活需要。前洋村先后有10多位进步青年参加了古田武工队。

1945年初，闽东特委及游击队领导人黄垂禹、张翼、刘捷生决定消灭国民党驻扎在古田三都口的水警队，以解决游击队的装备和保障地下交通线的安全。1945年2月13日（正月初一），游击队在南平巨口乡上埔村赤石坑过春节，夜晚，队伍冒着小雪，

读书会革命书籍

闽浙赣游击队第二大队成立地——前洋村梯坡厂

在寒风刺骨中行军,夜行昼伏,于15日(正月初三)凌晨到达三都口,悄悄地包围了水警队住的古庙。黄垂明和余作铭前期已经侦察了解水警队情况,由余作铭、余三江等12人组成短枪突击队,队长余作铭。天刚亮,趁敌人伙夫开门挑水之际,余作铭率突击队员冲进古庙,向敌人开火,刘捷生率大部队紧随其后。战斗不到十分钟,共毙敌6人,俘敌20多人,缴枪29支、手榴弹80多枚、子弹2000余发,仅敌分队长一人跳墙逃脱。这一仗,沉重地打击了国民党顽固派,也大大改善了古田人民游击队的装备,但突击队长余作铭(省委联络员)在战斗中头部中弹,英勇地牺牲了。

1946年3月,中共福建省委书记曾镜冰北上延安向党中央汇报工作。省委工作由省委常委、基本地区工作委员会书记左丰美主持。3月,左丰美带领王一平、刘捷生、高振洋、杨兰珍以及省委电台由中队长余三江带领的警卫护送队伍到达古田与南平交界的岩溪白沙岭机关新驻地。后来左丰美又率队到达古田前洋村，在余三江家中休整。余三江与前洋地下党支部书记余泽耀等人紧密配合，负责部队警卫和后勤保障工作。

游击队活动据点——茶山仔厂

游击队活动据点——五斗里

1947年1月，根据中共闽浙赣区党委和闽东北地委发动爱国游击战争的部署，余三江和闽东北地委副书记刘捷生及杨兰珍一起回到前洋村，在余三江家中落脚。在刘捷生的领导下，以秘密的前洋党

游击队活动据点——甲竹洋坝头厂

支部为核心，以余泽耀、余泽渭、余泽浃、余泽通、马江西等一批1944年末上山隐蔽下来的老党员为骨干，进行扎根串联，宣传和发动群众，并向周边村庄发展；余三江动员了澄洋、圻地的同学参加革命，并以他们为骨干，进行串联和宣传；杨兰珍、余三

江还在澄洋大岗村叶宗忠家举办青年骨干训练班，并吸收其中部分先进青年入党，为暴动培养骨干力量。1947年4月9日，闽浙赣区党委和闽东北地委在大桥澄洋村成功地发动了福建游击战争史上著名的澄洋暴动，成立了300多人的闽浙赣游击纵队，左丰美任司令员兼政委，刘捷生任副司令员。纵队下辖二个支队六个分队，第一支队长余三江，第二支队长郑荣堂。前洋党支部为澄洋暴动的成功做出了贡献。

1947年5月，遵照闽浙赣区党委指示，在闽浙赣游击纵队司令员左丰美的主持下，余三江带领的闽浙赣游击纵队第一支队在前洋后门山的梯坡厂扩编为闽浙赣游击纵队第二大队，余三江任大队长、江作宇任政治委员、陈邦兴任政治部主任，并充实骨干，出征闽东地区，执行牵制敌人，开辟新区的任务。5月底，闽浙赣游击纵队第二大队转战闽东，到达宁德县虎贝乡中洋里村，先后与黄垂明、阮伯琪带领的游击队会师，在虎贝那罗寺整编改番号为闽东游击大队。

1947年夏，上级指派余养素回到前洋，以担任前洋小学校长的合法身份为掩护，创办成人夜校，发动和组织群众，培养发展

三都口战斗旧址

了一批新党员,带动周边村庄成立贫农团,开展"减租减息""抗丁、抗粮、抗税"斗争。

1948年初,闽浙赣省委发出《广泛开展群众性游击战争,恢复与建立民主根据地》的决定,在南古瓯、屏古瓯地区广泛开展除恶分粮斗争。9月,根据当时的斗争形势,余三江和李忠群率闽浙赣游击队到前洋村镇压了地方反动势力并收缴民团枪支20多支,震慑了地方反动势力,保障了前洋地下交通线的安全畅通。

地下交通线要道

1948年9月,城工部古闽林工委在古田城关成立,书记魏宜芝,副书记陈锦丹、钱绍基,委员余养素、林忠诚、陈芳锵、黄宗意、周正启。下设7个区工委,魏锡麒任前洋区工委书记。古闽林工委组建了一支武装队伍,其中余养素、苏子禧在前洋地区就组织了40多人枪。这支队伍后来发展到140多人枪,1949年5月在罗源霍口集训编入古闽林连罗游击大队第四中队,魏宜芝任中队长,黄宗意任指导员。后配合解放军接管地方政权及解放连江的战斗,随后分别编入福建省军区第三军分区所属独立营和县大队。

在艰苦的革命斗争中,前洋人民在地下党支部的坚强领导下,为推翻国民党的反动统治,为建立新中国做出了无私的贡献,涌现出许多可歌可泣的英雄人物。有走向抗日战场为国捐躯的老红军余德发,有告别妻儿带头参加游击队而在抗日反顽斗争中英勇牺牲的余作铭,有带领游击队浴血奋战的游击队长余三江,有带领党员群众坚持斗争至全国解放的地下党支部书记余泽耀,有遭

地下交通线要道

敌严刑拷打、威胁恐吓而坚贞不屈的陈蒲莲、魏八妹等接头户，还有被游击队员称作巾帼英雄的叶云使、陈瑞梅、彭惠珠、黄淑英、林春兰、陈尧訇等老妈妈群体，他们都是前洋人民的杰出代表。前洋党组织从1940年到1949年古田解放的10年间，发展党员39人，其中抗日战争时期入党的28人，参加游击武装的70余人。在这期间，前洋人民在中国共产党的领导下，为革命事业不畏艰难，不怕流血，前赴后继，付出了重大的牺牲，做出了重大的贡献，赢得了"红旗不倒"的赞誉！

（余宏潮、陈向东、卓青平、阮以敏）

革命活动旧址

革命先辈

在艰苦的革命斗争中,前洋人民在中国共产党的坚强领导下,为推翻国民党的反动统治,为建立新中国做出了无私的贡献,涌现出许多可歌可泣的英雄人物。

(一)前洋革命烈士

余德发(烈士,1919—1938.11),古田县卓洋乡前洋村人。1937年8月参加闽东红军独立师。1938年2月参加新四军3支队6团3营7连北上抗日,同年11月在安徽西河战斗中壮烈牺牲。时年19岁。

余志敏(烈士,1922—1943.6),古田县卓洋乡前洋村人。小名余泽水。1940年在平湖育英小校读书时加入中国共产党,同年任育英小学党支部书记。1942年参与了巧取古田三一中学6支军训步枪的行动。1943年6月,余志敏在澄洋、芝垅、中村这一带积极开展革命工作时,因积劳成疾,突然胃出血不止,不幸英年早逝,年仅21岁。

余作铭(烈士,1909.2—1945.2),古田县卓洋乡前洋村人。又名徐明。1940年参加革命,同年加入中国共产党。1940年底任前洋村党支部书记。1944年3月参加古田人民游击队。1944年5

月任古田工委委员,福建省委交通员。1945年2月15日,在古田三都口战斗中壮烈牺牲。时年36岁。

余泽渭(烈士,1910.8—1947夏),字镜湖,古田县卓洋乡前洋村人。1940年冬加入中国共产党。1941年4月任古田大东自卫队队长。1944年秋被捕,受尽折磨,仍坚贞不屈、保守党的秘密,后经党组织营救出狱。参与澄洋暴动的前期准备工作,同年夏季不幸蒙冤罹难。1985年1月,古田县人民政府古政【1985】综012号文给予平反昭雪,恢复名誉,追认余泽渭同志为"因公牺牲革命军人"。

吴润拾(烈士,1910—1945.11),古田县卓洋乡前洋村人。1941年参加革命。曾任闽浙赣游击纵队班长,1945年11月7日因路过牛廖格遇敌作战牺牲。

刘长姜(烈士,1918—1949.12),古田县卓洋乡京峰村(原属前洋村)人。村农会主席。1949年12月被土匪杀害。

陈必捷(烈士,1911—1942.6),古田县大桥镇丘地村人,原在常洋开店,他经常到前洋村其姐陈尧訇家探亲,在前洋村余仲光同志的宣传教育下,接受了革命道理。1941年经前洋党支部余泽渭、余作铭介绍加入共产党,为前洋支部党员,1942年6月被敌逮捕杀害。

林尧州(烈士,?—1949.10),古田县大桥镇广胜村人,1944年由前洋党支部发展入伍,游击队班长,1949年10月被敌杀害。

(二)游击队员心中的巾帼英雄老妈妈

在前洋村,有一个革命的老妈妈群体,她们积极支持、配合自己的丈夫、儿女参加革命,她们在那白色恐怖的年代,都曾冒着生命危险，照顾好往来或长期住于她们家的许多领导干部的生活和安全。为新中国的诞生，默默无闻地做了贡献。

叶云使（1891—1973），余志敏烈士的母亲。1940年，余志敏受组织委派回到前洋进行革命活动，她的家就是一个联络点。叶云使明白小儿子做的这一切都是为了抗日，是在为老百姓做好事，她又动员大儿子余泽海也参加共产党。每逢同志们到她家开会或联系工作，她就以养猪为名在楼下望风放哨。余泽波、杨人屏和陈鼎坤等来前洋时常住她家。她还经常借来粮食给同志们吃，自己却以野菜充饥。1943年至1944年，叶妈妈在连续痛失两个儿子之后还是坚持支持革命，1948年10月古闽林工委又以她家为据点开展工作。这家的"安全门"一直是她老人家管到古田解放。游击队员们都称她为妈妈。

陈瑞梅（？—1960），闽浙赣游击纵队第一支队长余三江的母亲。1944年，抬着小脚，拄着拐杖，化装拔兔草，避开村中反动派的密探，绕道上山将调药用的黄酒送到后山甲竹洋给游击队。1947年春，在澄洋暴动的筹备过程中，她家作为秘密策划据点，始终细心地照顾革命同志。1948年底，余三江奉命率队回村铲除地方反动势力及收缴民团枪支后，她和四儿媳黄翠仪四处躲避国民党反动势力的追捕，均无法安身，最后不得已到台湾六子处落脚。

黄淑英（1911.2—1992.9），前洋党支部书记余泽耀的妻子。她的家始终是党的一个秘密联络点，她常常帮助望风放哨，照顾来往的革命同志和帮助游击队员的家属。特别是余三江参加游击队后其老母亲生病或有困难时，都是由黄淑英出面去照顾和帮助，还要顶住村里反动势力的威胁和压力。黄淑英一直陪伴着丈夫余泽耀坚持地下工作到全国解放。

彭惠珠（已故），古田大东自卫队队长余泽渭（烈士、地下党员）的妻子。她的家是前洋地下党的一个秘密联络点。为支持丈夫的革命工作，彭惠珠在家里热心地接待和掩护过多位到前洋进行秘密工作的革命同志。1947年春，在澄洋暴动筹备期间，闽东北地委副书记刘捷生病得不轻，就住在余泽渭家治疗，得到了精心照顾。彭惠珠一家为革命事业做出了贡献。

林春兰（已故），前洋村地下党员余泽浃的母亲。她的家是地下党的一个秘密联络点。不顾自己年老体迈，积极支持和协助儿子接待革命同志，解决来往同志的衣食住行，并做好保密工作。林春兰老妈妈受到了刘捷生、杨兰珍等革命同志的赞扬和敬重。

陈尧筍（1905—1975），余仲德的妻子。她的家是前洋地下党开展群众工作的一个基点。1941年前洋党组织准备建立武装时，她主动献出三支步枪和一支驳壳枪支援革命。1944—1947年，刘捷生和余三江为做好统战工作，多次在她家里召集有关人士和基本群众会议，都得到了陈尧筍的支持和帮助。

陈秀娥（1924—），前洋村地下党员余养朴的妻子。积极支援游击队，在自己磨房加工粮食及购买油盐酱醋等日常用品供应游击队。1947年，余养素回到前洋，住在家里开展党的地下工作，陈秀娥以"长嫂为娘"的爱心照料着余养素及来往的游击队员的生活和安全。

（三）前洋主要老战士简介

余仲光（1920.12—1990.11），古田县卓洋乡前洋村人。1939年5月加入中国共产党。1940年夏从福州培训班学习回来，由闽江特委派遣到古田配合余泽波以育英小学教员的身份开展建党工作,任平湖区委组织委员,发展了一批党员,扩大了党的组织。1941年4月任古田工委青工委员。后和杨人屏一道深入前洋筹建革命武装,为革命事业做出了贡献。新中国成立后任古田县政府文教科科长、农业科科长、南平专区农业技术指导站站长、南平专区农业局副局长。1985年离休前任三明地区农校副校长,离休后享受副厅级待遇。

余三江(1924.2—1998.1),古田县卓洋乡前洋村人。1942年1月加入中国共产党。1939年在古田超古中学读书时参加党的外围组织"七·七读书会",曾参加领导古田超古、简师等学校学生的抗日救亡运动。1944年3月参加古田人民游击队,历任战士、班长、分队长、中队长。是1947年4月古田"澄洋暴动"的主要组织者之一,暴动后历任闽浙赣游击纵队第一支队长、闽浙赣游击纵队第二大队长、闽东游击大队长、中国人民解放军闽浙赣人民游击纵队教导队队长等职。1985年4月从宁德地区老区建设委员会副主任兼老区办公室主任岗位离休,享受地专(厅)级待遇。

余养素(1925.2—),古田县卓洋乡前洋村人,1942年1月加入中国共产党,1939年到古田超古初中读书时参加党的外围组织"七·七读书会"。1947年夏季回前洋开展革命活动。1948年9月任城工部古闽林工委委员,开展武装斗争。新中国成立后历任古田七区公安特派员、古田县人民法院秘书、南平专区中级人民法院司法行政科副科长、中共南平地

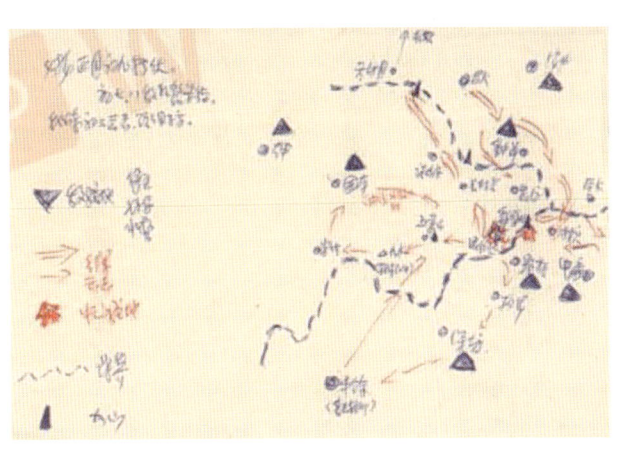

余三江绘制的作战图

委党史办公室副主任等职。6月任中共尤溪县委党校副校长。1982年6月,任尤溪县政协副主席、党组副书记。1988年12月离休,享受正处级待遇。

魏兴城(1914—1988),古田县卓洋乡前洋村人。1942年8月加入中国共产党。积极参与党的地下工作,1944年在茶山仔厂家中建立游击队秘密联络点,为游击队的后勤保障作出贡献,曾被敌抓捕受刑,严守党的机密。1946年参加古田人民游击队,新中国成立后任福安军分区独立六营排长,1952年7月因身体不好,转业回乡务农(中国人民解放军转业军人证明书榕字第7306号),1988年去世。

余渡口(1921—1985)古田县卓洋乡前洋村人。1942年加入中国共产党,任交通员,1944年和兄弟余水口一起为联络、发动屏南发竹坑暴动农民10多人参加古田游击队作出贡献。1946年参加古田人民游击队,后任闽东北游击队排长、解放军第三军分区独立营连长。1952年转业南平市林业系统,历任伐木场工区主任,工会主席,场长,林场书记等职,1985年5月离休,9月因病去世。

陈光章(1924—2000),古田县卓洋乡前洋村人。1944年参加古田人民游击队,1945年12月加入中国共产党,曾任屏古瓯中心县委委员、古屏边区区委书记、古田人民游击队分队长、屏古瓯游击队中队长、中国人民解放军闽浙赣人民游击纵队古田支队第二大队长。新中国成立后历任中共古田县委委员、古田县公安局长、古田溪水力发电厂一级电站分场书记等职。1978年离休。(注:已经联系到后人,简介修改了)

余力(1921.5—1998.10),古田县卓洋乡前洋村人。又名余力代。1945年在村里参加革命活动被敌抓捕,逃脱后参加古田人民

游击队，同年调王文波领导的闽北游击队。在游击队历任战士、班长、分队长，期间加入中国共产党。新中国成立后历任崇安县公安局副局长、建阳县人武部政工股长、建阳专区公安处劳改系统分场主任，后调建阳在福建省第二监狱工作直至离休。

余日光（1921—1985），古田县卓洋乡前洋村人。1945年3月参加古田人民游击队，同年7月调王文波领导的闽北游击队。1946年加入中国共产党。1948年2月游击队在崇安县电坑遭敌伏击时负伤。1952年8月因旧伤复发转业回乡。历任前洋村党支部书记、古田县炸药厂厂长、搬运站站长。1984年1月在卓洋乡政府离休。

魏锡麒（1928—2007.3），古田县卓洋乡前洋村人。1947年考入省水警学校读书，由余养素介绍参加福州地区学生运动，同年冬季根据上级指示离开水警回古田前洋开展革命活动，1948年5月参加中国共产党组织，9月担任城工部古闽林工委前洋区工委书记，开展武装斗争。新中国成立后历任古田县商业、工商、财税、工业等部门副局长、化肥厂厂长等职。1984年离休前任古田县税务局副局长。

余新樽（1930.11—2018.5），古田县卓洋乡前洋村人。1948年在福州读书时参加城工部领导的革命活动。1949年5月毕业于福州协和高级农业学校，同月在古田参加古闽林游击队。1951年4月加入中国共产党。1949年7月起主要历任古田县公安局秘书、县人民政府秘书室秘书、建设科科长、县公安局副局长、县委委员、南平专署水电局副局长、三明市水电局局长、书记等职。1990年11月离休。

魏锡麟（1931.10— ）古田县卓洋乡前洋村人。1948年冬在前洋村参加古闽林工委组织的革命活动。1949年2月加入中国共产党组织及参加刘捷生带领闽东北游击队，担任警卫员、事务员等职，同年9月编入福建第三军分区宁德独立营，担任侦察班班长、航空监视组组长。1952年转业，主要历任古田县政协秘书、医药公司主任。1982年10月任古田县宗教局局长，1987年9月离休。

余养岁（1927.6—1991.11），古田县卓洋乡前洋村人。1948年在前洋村参加古闽林工委组织的革命活动并加入中国共产党组织。1949年初参加古闽林工委游击队，同年5月在罗源县霍口村集训编入闽古林连罗游击大队第四中队任副分队长，6月在罗源仙洋编入刘捷生带领的闽东北游击队任排长，同年9月，编入宁德独立营。新中国成立后转业回古田，在县建筑公司等部门工作，后在古田县基建局离休。

余河南（1918—1997），古田县卓洋乡前洋村人。又名余泽修。1948年在前洋村参加古闽林工委组织的革命活动。1949年4月参加闽东北游击队，任班长。1949年7月加入中国共产党组织，9月任中国人民解放军福建第三军分区宁德县大队班长。1952年7月复员任前洋村治保主任、党支部委员。1959年10月调古田县饮食服务公司历任公司党支部委员、门市部主任等职。

刘春英（1927.11—2018.10），又名刘广。古田县卓洋乡京峰村人。1948年10月在前洋村参加古闽林工委组织的革命活动，同年加入中国共产党。1949年初参加古闽林工委游击队。1949年7月参加解放军31军92师前线筹粮队，历任92师文工队队员、31军教导团连见习文书、92师373团文化干事。1955年6月转业，主要历任古田县文化馆馆长、县委宣传部副部长兼县志办主任。1990年7月离休。

余新排（1933.1—2005.1），古田县卓洋乡前洋村人。1949年

1月参加闽东北游击队,担任事务员,同年7月加入中国共产党组织,9月编入福建第三军分区宁德独立营。新中国成立后转业古田县公安局、南平地区公安处工作。历任建宁县公安局副局长、商业局长、县委常委、县革委会副主任兼组织部部长。1980年任三明市技工学校校长、书记。1985年荣获福建省先进教育工作者称号。1994年11月离休。

余养本（1925.3—2013.11），古田县卓洋乡前洋村人。1949年初在前洋村参加革命活动,为地下交通员和古闽林工委游击队队员。1949年5月在罗源整编为古闽林连罗游击大队第四中队,6月编入刘捷生带领的闽东北游击队,任事务长并加入了中国共产党组织。同年9月,编入宁德独立营二连历任事务长、排长。1958年从宁德兵役局转业地方。1984年以副处级待遇在宁德县基建局离休。

余百川（1929.8—2012.4），古田县卓洋乡前洋村人。曾用名余养英。1949年5月毕业于福州协和高级农业学校,同年7月参加中国人民解放军三十一军,历任战士、班长、文化教员、文教组长、解放军南京政治学院学员（1955.3—1957.2）、三十一军政治部秘书、协理员、龙岩军分区军事动员科科长。1954年荣立三等功一次。1977年10月转业,离休前任漳州宾馆书记。

李坤山（1927.11—2003.10），古田县卓洋乡前洋村人。原名李孔志。1949年7月在福州参加中国人民解放军。1954年5月任空军14师某部副排长,1955年7月授予准尉军衔。1956年7月加入中国共产党。1951年3月在福建省军区警备团荣立三等功一次,1954年10月在空军第十四师荣立三等功一次；1956年在空军第十七师评为一级优等军械员,受通令嘉奖二次。1958年转业在贵州工作至离休。

（四）地下党员与革命群众代表

地下党支部书记**余泽耀**（1908.7—1975.11），古田县卓洋乡前洋村人。字光臣。1940年加入中国共产党，1944年至1949年任前洋党支部书记。在艰苦的斗争环境中，积极配合上级党组织和游击队工作，补充供给、提供情报、尽力照顾游击队员家属，为来前洋开展革命工作以及过境的上级领导和同志的安全保障作出了努力。新中国成立后历任前洋村土改员、初、高级农业社社长、前洋村党支部书记、棋枰洋（广洋）瓷厂党总支书记。

坚强不屈的**陈蒲莲**（1901—1990），又名陈绥先。原籍古田县鹤塘镇仙山村人，后移居前洋村梯坡厂。1944年在游击队负责人刘捷生和队员余作回的宣传发动下，他的家成为游击队可靠的秘密交通站，全家人积极传递情报、筹集粮食、护理伤病员。陈蒲莲多次被国民党保四团抓捕，敌人对他施以酷刑，但他始终坚强不屈，保守秘密。

革命的接头户**魏八妹**（1920.10—2012.2），古田县前洋村人甲竹洋坝头厂人。1944年至1949年全国解放，魏八妹家始终是古田游击队的活动据点。魏八妹谨守阵地，坚定、勇敢、机智地掩护革命同志，传递情报、为游击队筹办粮食和物品，面对敌人的多次抓捕、威胁、拷打，魏八妹始终坚贞不屈，深得游击队领导和同志们的好评。

红色牧师**吴恒宝**（1907—1998），古田县泮洋乡大乾人。1938—1947年在前洋教堂担任牧师，于1942年1月加入共产党。以牧师身份为掩护，积极宣传党的思想方针，协助解救被国民党反动势力抓捕的党员和群众，积极筹款筹粮接济游击队及其家属。

（余宏潮、陈向东、卓青平、阮以敏）

中国历史文化名村·福建前洋

美文集锦

五朝风流话前洋

己亥白露季节，我在老友余宏潮引领下，走进他的故里古田县卓洋乡前洋村。他为我介绍该村流传的一副对联："五朝齐列一村落，一眼望穿千百年"。探游之后，收获甚丰，不仅感觉对联有很强的概括力，而且还解读到五朝风流。

（一）

前洋村的千年风流始于北宋，当年肇基的先祖一定是位高人。2018年7月间，《地理中国》栏目编导们慕名考察前洋村，花费10天时间，拍摄了《奇山异景·避水古村》专题片，破解了这个地处低洼盆地的古村落，为何一次次遭遇暴雨山洪袭击，毗邻不远的村庄灾后一片狼藉，它却安然无恙的谜团。

究其原因，一是村外环境得天独厚，二是村内建筑群考究独到。前洋村坐落在鹫峰山余脉五座山峰环抱之中，山脉连绵起伏，挡住了狂风暴雨，形状犹如五条鲤鱼腾云驾雾，庇佑着古村落，当地人称之"五鲤游洋中"。北面山隘是金水溪的发源地，那溪水绕村而过，丰盈清澈，更为神奇的是，上游有一片沼泽地，暴雨之时，沼泽地拦洪蓄水，干旱季节，它又放水长流，护卫与滋养着村庄与田园。

村庄依山傍水，规划严谨，一幢幢民居排列有序，中无间杂，围绕着村中央一口正方形大水塘，拱卫风水。村内巷道与沟渠一并相接，四通八达，走在任何一条石板铺设的巷道上，均可耳闻身旁淙淙流水声。当你沿着金水溪走到村口，只见两块巨石匍匐相守，称之"双龟守村口"。古民居清一色黄墙乌瓦，墙基为花岗岩石垒砌，黄土夯筑的高墙历经几百年风霜雪雨，虽已斑斑驳驳，但仍不失厚重威严。高墙院内排水设施完善，即使是百年不遇的2016年"莫兰蒂"强台风侵袭，山洪漫村，也不过淹至门口的第一级石阶。

前洋村的山水形胜还有许多神奇之处，如今到村里的游客，都喜欢登临西北一个山坡，去观赏一块巨石。那巨石状似一只老鹞，当地人称老鹞石，或称风水神石。相传千年前就修炼成精，有一天突然张嘴说话，叫着"兴前洋，败院隆。"院隆隆兴寺和尚听了很不高兴，便用狗血淋洒老鹞嘴巴，老鹞石从此再也不能说话了，但仍默默地为前洋村守护着风水。

肇基先祖的风流在于慧眼识珠，觅得前洋村这块占尽天时地利的风水宝地，因势利导，将其经营成一个风调雨顺的世外桃源。

（阮以敏 摄）

（二）

走进前洋村，70多幢古建筑群次第展现眼前，令人仿佛穿越到古代。飞檐翘角，马头高墙，木隔楼窗，三进六扇，闽派风格，古意盎然。

李文杰是土生土长的前洋人，潜心研究乡土文化，被誉为古村落金牌讲解员。他告诉我，北宋年间有36姓先民在此居住，现在以李氏、魏氏、余氏为主。古建筑时间贯穿宋、元、明、清、民国五个时期，各具特色。

老李陪同我们走村串户，考察古厝，遗憾的是，宋朝古厝只留下一块地基，茅草萋萋斜阳中。难得的是，一幢元末古厝保存尚好，虽然孤零零地矗立高坡，厅堂木柱黝黑，四面墙体斑驳，但整体结构大气简约。入门即见两副青石板支起的花架，方方正正摆在天井中，透出寂寂凉意，似乎认证着大元朝的百年风流，总被雨打风吹去。

60多幢的明清建筑记述着曾经的风生水起。明万历年间，首辅张居正励精图治，功业遍及神州大地，就连这边远的闽东山村，也存世10多幢煌煌大厝，便是小小例证。那年，余文龙、余文英俩兄弟进京应考，双双考中进士，惊动京城。余文龙官至赣州知府摄兵备道，余文英曾任湖广襄阳县主簿。据传，余氏宗族深为两兄弟的光宗耀祖而骄傲，未征得他们意见，就为之盖起了大厝。两兄弟为官清正，得知消息后即寄回各自的三年俸禄，用于购置书灯田，田租收入以供前洋村子弟读书考学。

所以到前洋，不可不看余文龙兄弟大厝。走至大门，门口青石条铺设的"落轿台"就不同凡响，显然是为两兄弟衣锦还乡和达官贵宾的造访专用。前厅墙上雕刻着5对"负屃"，活灵活现，相传负屃是龙的第八子，平生以读书为乐事。中堂和内屋之间有一面"进步屏风"，用花鸟形状拼接为一副对联："文章华国，诗礼传家"，庄重典雅。这些用心与考究无不传递着主人对子孙后代的期望与嘱托。

历经400年岁月沧桑，余氏大厝厅堂上长7米、重2吨的青石条依然洁亮厚重，几十根撑起大厝的杉木圆柱依然不斜不歪，号称"前洋三绝"的木雕、泥雕、石雕依然熠熠生辉。最为稀罕的是厅堂大梁之下的那根"子孙梁"，被誉为"闽东第一梁"。别看它只有小碗口的直径大，却采自百年大杉树的树芯，千年不蛀不腐。经过精心打磨浓墨重彩的"子孙梁"，平时起装饰作用，每逢年节，专门用于挂灯，即是用上大派场了，福州语系中，"灯"与"丁"谐音，寓意家族添丁生子，家业兴旺发达。

余文龙兄弟的风流，来自"朝为田舍郎，暮登天子堂"，来自"仁义礼智信，忠孝廉悌忍"，来自绵绵不绝的耕读文化。

（三）

此番走访前洋村，余宏潮让我一睹余家传家宝——一串金黄锃亮的铜钥匙。当我坐在余家祖厝下廊间，摩挲着这串古色古意的铜钥匙,环顾余三江兄弟年少时居住过的房间,心想,这幢始建于清朝老厝,在20世纪三四十年代始,演绎过多少风云变幻与传奇故事,只要将这故事如实叙述,便可与当今影视传奇大剧相媲美。

1942年1月,18岁的余三江加入中国共产党。也在这一年,哥哥余一鸣考取了中央陆军军官学校。之后,就读古田简易师范的余三江听从党的召唤,投笔从戎,参加游击队,转战闽浙赣边,曾任闽浙赣游击纵队第一支队长、第二大队长,闽东游击大队长,中国人民解放军闽浙赣人民游击纵队教导队队长等职务,久经沙场,出生入死,成为一名让敌军闻风丧胆的中共虎将。余一鸣军校毕业后,加入国民党军队。国共合作时期,余氏兄弟义无反顾,共赴国难。

抗战胜利后,国民党穷凶极恶围剿共产党队伍,抓捕革命家属。1948年底,作为游击队长余三江的母亲陈瑞梅,东躲西藏,

古民居后厅绣楼(阮以敏 摄)

走投无路,只好远渡海峡,去台湾寻找已随败军溃退到高雄的余一鸣。老人家离家时带走前洋老厝那串铜钥匙,一心想早日回到故里。直到中华人民共和国成立,余三江才得知母亲的去向,老厝早已人去楼空。1989年夏,离家40余年的哥哥从台湾回到大陆,与弟弟的手握在了一起,伤心的是,母亲多年前离世,再也回不到故里。临别之际,哥哥把铜钥匙塞到了弟弟手中。1997年1月,余三江夫妇渡过"浅浅的海峡",赴台祭奠母亲,半个世纪的不绝乡愁与人生大憾弥漫在一抔黄土上空,久久不散。又一年,余三江逝世,老厝铜钥匙传到了儿子宏潮手中。

宏潮大哥宏庆,与我同是老三届知青,一起选调到闽东农械厂,同开一台龙门刨床,我们情同手足。后来他到一家国企任负责人,组织下岗工人自谋职业,殚精竭虑,积劳成疾,英年早逝。宏潮这些年充当闽东老区建设促进会的志愿者,为抢救挖掘闽东红色文化,无私奉献,不亦乐乎。从他们身上我看到了一位闽东老革命者的家风。那年,我怀着崇敬之心参加余三江同志追悼会,仰望吊唁厅有一副挽联,铭记于心:

三载沙场,朝夕相随,深知君,指挥若定,英勇善战,英名令敌军丧胆;

江山赤遍,劳燕分飞,亦闻汝,坎坷不惊,勤奋敬业,德行为友辈钦心。

时代赋予余三江兄弟的风流是,赤子之心,投笔从戎,金戈铁马,报效祖国,度尽劫波兄弟在,相逢一笑泯恩仇。然而,历史一定会证明,共产党人的信仰与作为,终是大风流。

(四)

前洋村有5幢民国时期老厝,其中一幢是基督教堂。这幢始建于1905年的教堂，土墙乌瓦结构，中西合璧风格，屋顶上的十字架直指蓝天，特别醒目。单从外表看，与同时期闽东乡村教堂没有什么明显区别，但它是闽东独一无二的教堂，独特就在于大门上挂着一块："宁德市宗教界爱国主义教育基地"牌子。

前洋基督教堂又被誉为"红色教堂"，堂内有展室介绍"红色牧师"吴恒宝事迹。读了吴牧师独生女儿吴雅芬和革命者余三江、余养素等回忆文章，让我眼前浮现出一位具有家国情怀、文学素养高、亲和力强、多才多艺、豁达大度的知识分子形象。

吴恒宝，古田县泮洋乡人，1927年毕业于福建协和神学院，1934年到前洋教堂为牧师。颇有机缘的是，他1942年加入中国共产党，与余三江成为志同道合的战友。1944年春，余三江在村里第一个报名参加游击队，母亲知道后极力反对，嚎啕大哭，余三江束手无策。吴牧师闻讯赶往余家，安慰余妈妈，为她祷告，读圣经给她听，解释说，共产党、游击队是代表真理的，这世界将来一定属于共产党。余妈妈思想通了，母子俩转忧为喜。晚年的余三江回忆此事，深情地说："吴先生所做的工作是任何人无法代替的，我至今还非常感激他。"1948年，为了逃避国民党当局追捕，余妈妈也是在吴牧师掩护下，逃出古田。

吴牧师回忆自己入党经历时说，他喜欢阅读《共产党宣言》《唯物论》《夏伯阳》《西行漫记》等书籍，特别是斯诺在书中所言："中国只有跟着共产党走，才是唯一的出路。"对他影响极大。吴牧师利用自己特殊身份为党工作，他在教堂举办基督教青年团夜校，讲授《四言杂字》《珠算》《左传》选篇，教唱抗日歌曲和《满江红》《苏武牧羊》，激发不少青年的民族气节，走上革命道路。抗战时期，前洋村有10多名青年参加了游击队，白色恐怖时期，他们的家属被国民党当局诬为"匪属"，遭到迫害。吴牧师大义凛然，以牧师与教徒关系，到他们家中慰问，解囊相助，让游击队家属倍感温暖。他还积极营救被捕狱中的共产党人，为游击队筹款筹粮，作出了特殊贡献。

由于中共福建地下党历史原因，到20世纪80年代落实地下党政策时，作为一名牧师的吴恒宝，未能恢复党籍。他很达观，对当年的战友说："各级党委政府都很信任我，培养我女儿吴雅芬医大毕业，现在是县医院妇产科主任（后任古田县人大常委会副主任），极孝顺，我很高兴。组织能恢复我的党籍，这是我的政治待遇，我自然感到光荣，不能恢复，也不勉强。我愿足矣，毫无所求。"

一位充满大爱的基督教信徒，同时信仰共产主义，他的一生令人赞叹、启迪与思索。真是别样的人生，别样的风流。

（五）

近些年，不少边远的古村落如同养在深闺的美女，忽然一天掀开面纱，惊艳人世间，前洋村也如此，它2016年被评上第四批中国传统村落，2019年初又被评上中国历史文化名村。

但如何保护好这"五朝流韵，世外古村"，让千年文脉绵延不绝，让历史文化名村焕发生机，则是当今一代人的责任。我们欣喜地得知，为了科学规范地保护这个古村落和文化名村，传承和发展数百年的建筑文化、宗族文化、农耕文化，弘扬红色文化，卓洋乡聘请专业团队，制定保护与发展规划，争取到资金4350多万，开始了修缮保护整治工程。

我们看到许多老厝的修缮工作已经开始，一幢清朝私塾馆修缮工程基本竣工，古代学堂的情景重现眼前，环境整治也见成效，传统文化与红色文化的挖掘整理工作正在进行，相关文创基地开始落地。乡党委书记李霞，乡长余军告诉我们，自从前洋村被县委县政府列入乡村振兴战略示范村后，他们深感压力山大，但责任所在，别无选择，只能奋力向前，探索出一条切合实际的工作机制，全力推进乡村振兴工作，让示范村名副其实。

我想起一位伟人的词句：数风流人物，还看今朝。

（唐颐）

前洋赋

往昔峥嵘岁月，荡气回肠；今朝崛起征程，古村荣昌。

光荣前洋！闽东红军播火种待时而发，闽江特委建支部集聚能量。澄洋暴动武装反蒋，隐秘峒岩星火闪亮；虎贝整编神勇亮剑，英烈功勋万古名扬。

文化前洋！善规划，明清建筑现代民居美轮美奂；精保护，古厝古迹璧合珠联镂室雕窗。风水宝地，四周金钗舞袖雨帘云栋；魏李余宅，门前山色水声鸟语花香。学武侯谨事，宽厚仁风众邻睦；法司马存心，文星炳耀被山乡。

（叶高迅 摄）

前洋古民居精美的木雕

美丽前洋！双龟把水口，激流浅石银飞洒；五鲤游洋中，禹门一跳龙翱翔。虹桥丽日，绿水祥光其相映；双杉古韵，依偎龙钟乃栋梁。老鹰石，开口吉祥千年屹立；马仙姑，舍命喂虎世代褒彰。

兴旺前洋！思路定出路，召八方贤达运筹帷幄；实干得相助，集四海人才奋勇图强。嘻嘻前洋！生态立村，花开富贵富民画卷；旅游旺村，日照乾坤乾元无疆！

（陶敏辉）

斜阳脉脉映古巷

金秋十月,稻黄柿红。沐浴在斜晖中的千年古村,笼上了一层金光,别有一番韵味。

为挖掘中国传统村落历史文化,我们采风组一行入驻古风古韵的古田县卓洋乡前洋村。古村宋时肇基,依山而建,建筑风格各具时代特征。金水溪、佛殿溪穿村而下,既方便生活用水,又是天然泄洪通道。有民谚道:"五鲤洋中走,双龟把水口,左蛤蟆,右神鸟,金牌对面照……"几句朗朗上口的民谚,凝练地概

括了前洋古村的地理风貌。

传说旧时前洋附近有大大小小36个村庄，姓氏众多。因地理风水绝佳，元末明初之后，李、余、魏三大姓相继涌入，其他姓氏或式微或外迁，李、余、魏三姓繁衍迅速，枝繁叶茂，逐渐一统江山。村民们依然保持着古老的农耕习俗，日出而作，日落而息，俨然陶渊明笔下的世外桃源。假如你要体会这宁静的慢生活，就请你住下来，朝看日出晚观霞，走街闯巷听俚语。吃农家稀粥，尝农家小菜，听老人们讲述那里曾经发生过的故事。

"余家大院"建于清道光年间，是余家三兄弟余超元、余超理、余超杰同期建造的三栋连排豪宅。门口曾经是跑马场，现改做池塘，种着荷花。走进大院，不得不惊叹于它的气派恢宏。单是那门窗、扇门、屏风，几乎都是精雕细琢，或人物，或禽兽，或花鸟，或虫鱼……皆栩栩如生、惟妙惟肖，无比精美。细细揣摩每一个细节，无不让人抚掌赞叹。

小村古巷不大，但四通八达，连接着家家户户。路面碎石、鹅卵石铺就，路中间铺上长方形条石或者大块的石头（俗称"穿心石"），不论是"三寸金莲"或是"三寸高跟"，穿巷而过，都能四平八稳，行走自如。分布在古巷深处的五座炮楼巍然屹立，显明古村史上曾有过的富庶和实力。

沿古巷穿行而上，许多古民居门口都有"轿坪"，便于停轿和上下轿，显明这些人家曾经是非富即贵。特别是江西赣州知府摄兵备道余文龙故居，"轿坪"可谓别具一格。不仅宽大，而且形似一方官印。第二根条石边沿雕琢成官帽帽檐模样，左右两侧还有两块正方形青石，代表了两颗官印。余文龙、余文英兄弟曾是同科进士，都出仕为官，且都颇有政声。其大堂两侧木制屏风花格，暗藏"文章华国""诗礼传家"对联，堪为余家治家格言。余文龙

（叶高进 摄）

不仅政绩显著，"……葺学舍，修邑城，尚义捐资，造福枌榆，功不止在一时也。"（乾隆版《古田县志》）后升任工、户两部郎中，授正四品中宪大夫。按察使曹学佺为其作传，御史、大理寺丞董崇相为其写墓志。而且还著作等身，著述有《赣州府志》20卷，《史异编》17卷，《祥异图说》7卷，《史脔》25卷等。家学之风，代代传承。其子余兆昌为国子监生，孙女余珍玉、余尊玉未及笄即诗名在外，画也精通，合著有《倚窗迭韵》。《古代妇女回文诗词集》收录有妹妹写的回文诗《姐妹词》："看衣将姐约，新妆妹题晓。半夜梦归人，低声语悄悄。"这个妹妹还真是个鬼灵精，回文诗不管是正读还是反读，都是她在主导，表达的是情窦初开的少女心境。

余家老屋第三进是绣楼，拱形门内别有洞天，广大的空间，是余家闺秀生活之所。仰头凝望，实在想象不出当年余家小姐、丫鬟们的生活场景。登楼俯视，分明看到了旧时代"大门不出，二门不迈"的清规戒律。阳光穿过屋檐，照射到绣楼，栏杆花格的影子清晰地映照在地板上，如梦似幻。我屏息敛声，轻步慢走。悄然不敢高声语，唯恐惊醒梦中人。凭栏远眺，斜晖脉脉水悠悠。

不知道当年这儿是否也上演过令人神往的"抛绣球"故事？这绣楼下面是否也有过人头攒动的热闹场景？只听戏里说过，小姐透过绣楼偷窥来提亲的书生，若满意，便娇羞道："女儿全凭父母做主。"若不满意，就一脸严肃地说："女儿还想侍奉父母几年。"含蓄又明了，父母也是笑而不语不捅破。

这儿的古官道穿村而过，东往宁德，西接古田，北通屏南。当年"担回头"的挑夫长年累月往返于这条古道，因而曾经繁荣一时。村中两家客栈常常爆满，"客店嫂"（老板娘）也是颇有姿色。挑夫走卒住店，温一碗前洋老酒，消解一天困乏，调笑一番"客店嫂"，倒头酣睡。天刚拂晓，便又启程上路。有时候他们也会到金水溪边的"讲书堂"，听听村里说书人讲故事。"讲书堂"是村民们休闲娱乐之所，犹如一个戏场子，不但有说书人和听众，还有做光饼的，卖零食的。冲一杯冰糖茶，或送一包香烟，说书人委婉笑纳，然后干咳一声，摇头晃脑激情开讲，其情其景不亚于当今郭德纲的德云社。

巷口有一座石拱桥，横跨在金水溪上，连接着东西村落。虽然长度只有6米左右，却赫赫有名，妇孺皆知，村民称之为"拱桥头"，是古村旧时"司法所"，街坊邻里纠纷、老人小孩矛盾都是在此摆平和解。请来村中德高望重长老，摆事实，讲道理，最终心平气和握手言欢，各自回家。渐渐地，"拱桥头"名称演变成"讲和头"，成为化干戈为玉帛，讲和的地方。桥边溪畔还建有一座吊脚楼，上下两层大约60平方米，曾是商铺、茶楼，也曾是逍遥馆（吸食烟土）。虽然年久失修，摇摇欲坠，但老人回忆起旧日的景象，还是深深惋惜，旧日的繁荣已一去不复返，盼望着国家乡村振兴战略能够修旧如旧，保留住历史的遗存。

夕阳西下，炊烟袅袅升起，深深古巷渐渐安静。饭后茶余，我们依然兴趣不减，围坐在房间，继续听文化协管员老李讲述古村落的前世今生。这一夜，我们却把他乡作故乡，带着沉思入梦乡。

（阮以敏）

（陆开松 摄）

守望一座古村

"卅载光阴弹指过，未应磨染是初心"，久别故土，总想用最虔诚的诗句写尽漫漫光阴里的初心守望。多少次的返乡踏访，多少回的梦中守候，有关家乡前洋村的温馨往事总在不经意间漫入我的心扉，而后便将家乡的奇山奇景、古厝巷道凝成一生的眷恋。

1976年春日，父亲举家迁回他流离了20多年的故乡——前洋村，我便有幸从一个极其偏远的小山村回到了这个流溢着千年古韵的新家园。于是，古村与我8岁之后的时光深情连接。

我对古村最初的印象源于那条绵延于家门前的古石路。石路掩映在不着边际的巷道里，狭长幽深，泛着清幽的光亮，静静地泊在我的童年里。我常常光着稚嫩的脚板，踩着午后一路斑驳的光影，忽而顺着蜿蜒的沟渠趔趄前行，忽而逆着水流的方向兜兜转转，似乎石板路总在我脚力无法达到的尽头，但洒下的一路跫音却是古村留给我童年的最美馈赠。

古石路"六横二纵"，织就的路网连接七十多座古民居，通达着你想要去的任何地方。缘着古石路，我踏入过村里每一户人家的门槛，攀行过村中的五座古炮台，细数过好几家古屋里泛着岁月斑痕的古雕壁画，认识了历经悠悠岁月的飞檐翘角、马头高墙、雕窗画栋。于是，古水圳、轿坪台、古井栏、古教堂、双石龟、老石蟆、金水溪、鲤鱼山以及被冠为"前洋三绝"的木雕、泥雕、石雕，诸多的人文景观、山水情画便纷纷缀入我的记忆。我还常

（李鸿池 摄）

趁着微微曙色伫立墙角的石路坡头，遥望满天缭绕的晨雾将古村氤氲为一幅静默的写意画，也会迎着夏夜里习习的晚风在古石路上踏寻一轮皓月洒下的清辉。要是雨天，撑着小伞在巷道里漫行，如织的雨点便会在我面前拉开一帘垂幕，将古道千年的静寂调谐在雨声的祥和里；要是逢上年俗的好日子，母亲还会催我沿着石路绕过九道弯，奔行至那株千年老槠树下，然后手捂一丫小树枝许个愿心，将经年的虔诚连同那根枝条插进树下的神龛里，等待着古石路将人生的梦想遥伸到大山之外的世界里……

多年之后，古村的养育促成了我的心遂所愿，我与众多的村人一道迁离了旧居，而后又移居城市告别了乡土，而古村却依然静静地倚在金水溪畔，一晃数十载。

"黯乡魂，追旅思"，离乡愈久乡思愈深，古巷、老屋和那温暖熟悉的归家路被岁月打磨成梦里的风景、恒久的牵念。一次，偶然在一位友人的博客里读到了关于故乡前洋村的文字："穿梭在明清古民居的历史中，一股股古朴而又纯情的气息扑面而来，雕梁画栋，雀替窗花，花雕泥塑，屏风扇门，简洁流畅，明快淡雅，精致细腻，栩栩如生，无不烙下了时代的印痕。"原来，我始终牵挂着的古村又再次赶上好时代，先后入选"福建省历史文化名村""中国传统村落""中国历史文化名村""第一批国家森林乡村"，还赢得了"五朝齐列一村落，一眼望穿千百年""五朝流韵，世外古村"等极高的评价，于是袭一身美誉的古村华丽转身，并定格为无数旅人的心灵原乡。

感念于斯，我带上一路风尘，驱车赶回老家，再一次将那久别的心魂融进了古村的静谧里。我踏着古旧光洁的石路前行，舒徐纵横之间，跫音回响，足痕无迹，但觉七十多座宋元以来的古民居如迎接远行的乡人逐一将我拥在了怀里，任由股股温情萦绕我的心间。

目睹着故乡不老的沧桑，我想从神秘的传说和流传的文字中去读懂一座古村繁盛于今的文化密码。古村肇基于宋，兴盛于康乾，因地处隆兴寺前，故曰"前洋"。民谚有云："前洋开基……物华天宝，山清水秀……五鲤洋中走，双龟把水口，左蛤蟆，右神鸟，金牌对面照……"这不仅是前洋独特地理风貌的形象写照，

（李鸿池 影）

更是先人对一个天人合一、生态宜居的家园的信仰和执着守护。据传，金牌山状如蜈蚣，总想逆行而上侵犯"鲤鱼山"和洋中生灵，幸亏"左蛤蟆，右神鸟"的仗义守护，"金牌山"畏葸不前才保住了前洋的"地灵人杰"；还有一传说云：前洋西北坡上有一块状似老鹞的风水神石修炼千年后成精，一天突然不停地说起人话"兴前洋，败院里——"，隆兴寺和尚听了十分生气，便用白狗之血涂洒老鹞的嘴巴，老鹞石从此再也不能说话，但仍将其粪便拉在前洋村人的田地里，肥沃一方水土，而隆兴寺也果真应了神石的谶语，不久后便败亡。细想古老传说的深层含蕴，不难发现：不管是蛤蟆、神鸟的虔诚守护，还是老鹞石的吐露神机，动人的传说背后均含纳着肇基不易、守土艰辛的家族文化精髓，是前洋先人将家族理想和世俗化教育嵌合于山水物象的智慧创造。我想，先人承传给后代的传说实乃赐予后人一份"神力"，教育后代珍惜这块占尽天时地利的风水宝地，鼓励乡人不辍躬耕，务将美丽家园经营成风调雨顺的世外桃源。

我还想，老鹞神石的谶语其实还为古村蒙上了一层悠远的哲思。我不知道当年隆兴寺神秘的造访者——理学大儒朱熹，是否真为寺院写过"鸢飞鱼跃"的墨宝，但前洋村地处蓝田与溪山二书院之间的必经之地，作为"儒表佛里"的朱熹来说，隆兴寺留下他的足迹定为历史事实。不过，朱熹又是一个竭力排斥佛教的理学集大成者，他曾感慨说佛教的"克己""往往我儒所不及"（《朱熹语录》卷二十九）。所以，朱熹的斥佛思想也成了前洋先人成就"内圣之学""成德之教"的源流，并以此达成族人坚守宗族家园意识之目的，以至于有关隆兴寺的真实记闻很快成为绝响，寺庙遗址那些硕大的柱础碑石也早已被先人无情地深埋地底，永不见天日。

按照先人的说法，佛光的退去定然会成就一个村落的兴盛与未来，但我总觉得，前洋繁昌的奥秘在于宋儒遗风、耕读情怀的滋养。且看古民居内外赫然在目的诗文、楹联："山当日午回峰影，草带泥痕过鹿群。蒸茗气从茅舍出，缲丝声隔竹篱闻""日照乾坤五凤祥，天开锦肃三台瑞""文章华国，诗礼传家""门前山色水声莫非书意，户外花香鸟语便是诗怀"……这里，儒道的天人合一，儒学的入世情怀，耕读传家、诗书济世的人生理想，巧妙地映射在前洋先人世代追梦的初心里，那"福禄寿喜""独占鳌头""蟾宫折桂"的木雕主题所守望的不正是传承千年的"前洋之梦"么？

而今，当我们读懂了一个古村的前世今生，一眼望穿的何止是千年的悠悠时空。乡贤李文杰曾告诉我："前洋的文脉赓续需要更多的有心人。"我理解他话里的深意，其实除了乡达民众的助力与坚守，这"有心之人"又何尝不包括那些醉心于守望乡愁的旅人呢？当你有幸踏入古村，那一览无余的"五朝"建筑定会招引着你尽情追逐古老的时光，那满眼永不消散的文化气息也定会充盈你的心间，让你的幽思无牵绊地飘飞在古村生生不息的律动里，而后踩着古村的祥和洒下一路欢笑。而我亦愿幻化作一尊俯卧村头的石蟆，默对古村祈祝千年。

（李益长）

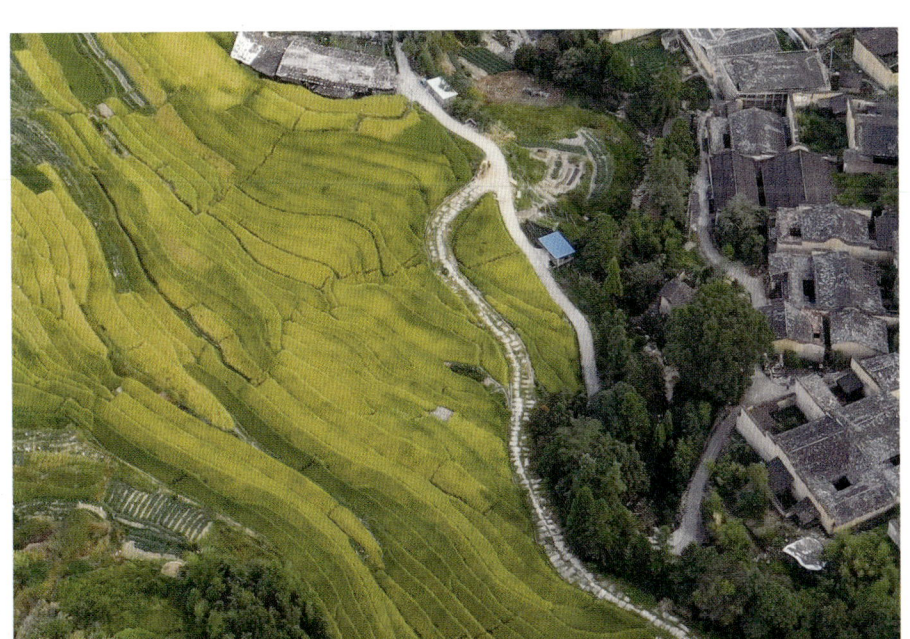

金光笼罩的前洋

在我的印象里，前洋一直被巨大的金光笼罩。

金秋时节，前后三次去往前洋，都是碧空万里，阳光浩荡，天地间无风也无云。走进四面被群山围起的这个静谧古村，遽然失去时间和空间的概念。余家大院、风水池、五鲤山、九龟石、千年苦槠树、老鹞石，这些前洋人朝夕相伴的景物，都一一浸淫在金色的光波里，山峦、田野、村庄、老屋，全披上一层太阳织就的金光闪烁的袈裟。

这里有世所罕见的70多栋连片古民居群，构成极具地方特色的古建筑活态博物馆，占地多达300余亩。建筑年代分别是元、明、清、民国。还有宋朝建筑遗址。

这些体量巨大的古民居群，几百年来，一直静默在这一方与

（刘振茂 摄）

世无争的土地上，用土木结构的阵势，凭着一种质朴的生命力，顽强地对抗着时间的漫长消蚀。春去秋来，寒至暑往，默然撑起一片足以让今人无比崇仰的天空。

徜徉在王者霸气的余家大院，进出于高大宽敞的门洞，真叫人惊讶和赞叹。所谓"三落大厝四落厅"，不过就是这副模样。巨大条石铺就的厅廊，高耸的木柱，精美绝伦的木雕门窗、斗拱和雕刻石础，屋顶上方飞檐翘角，正厅中间的长条几案，层层递进的院落，无不显示主人的殷实和财气。据说，建成一栋工艺如此繁复的大厝，光是石构件的制作就要18个石匠花上三年的功夫才能完成。

100多年前的建造者已经作古，巍然耸立的大厝以及建造者的风貌和精神依然都在！

我用想象与前洋先人进行无声的对话，也以想象还原他们当初生活的样貌。他们神采飞扬，鲜活着一段段流光溢彩的历史。他们一些人即使纡朱曳紫，服冕乘轺，依然没有沉溺于简单的物质享受，而是把更多的精力倾注在规划家园和教育子孙上。他们把希望寄托于后人，同时，也把勤劳智慧传承于后人。他们开良田、建祠堂、办私塾，终其一生信奉的是："一等人忠臣孝子，两件事读书耕田"。他们把这个理念看成是人生宗教，对待头顶一样的至高事物予以致敬。一代又一代，乐此不疲，以此传承着祖先的荣光。他们以肉体之躯的坚韧筋骨和刚强关节，延续着一幅漫长历史的动人画卷。神龛、佛像、木柱、横梁，以及门廊、床牖，上到屋顶瓦片，下到廊前石板，每一件传世的物件，都散发着从时光深处先人们投射而来的炯炯目光，宛如一盏时代遥远的长信宫灯，映照出后人心中美好的憧憬，照耀着抽枝散叶的子子孙孙绵延的发展道路。

时令从不失信，周而复始，如期而至。春播，夏长，秋收，冬藏。农人最期盼的秋收季节就要到了，前洋人都在做着秋收前的准备。金黄的稻穗沉甸甸地弯向大地，番薯叶开始逐渐干枯，意味着一分耕耘一分收获，意味着劳动将获得满意的收成。

在一扇又一扇窗棂前，我们驻足不前，我们静静地用目光抚摸老物件的凸出和凹陷处的细小纹路，每一件木雕、石雕作品，都寄托着主人的美好愿望。诸如："福禄寿喜""独占鳌头""蟾宫折桂"。美好的寓意，是先人殷切的期望，仿佛弥散着先人的体温。缠枝的花朵，飞翔的鸟儿，栩栩如生的人与自然和谐共处的情景，热爱生活的一切都显得那么生机勃勃、兴趣盎然。

沐浴在如此金光灿烂下，流连在别有洞天的家园美景里，恍惚进入武陵胜境，顿有山中方一日世上已千年的感觉。时间是慢的，人们的脚步是慢的，就连河里戏水的番鸭也是慢的。这是一个适宜居住的福地。假如可以任意择一地终老，我一定选择古村前洋，就地找一处向阳的山坡，建成一个散发木质芳香的小屋，结一张绳床，垒一个瓦灶，把日常烟火缭绕成地老天荒，任凭日月千山，江河万里；让漫长岁月荒废成一堵残墙、一片荒地，将人间功利都付与苍烟落照，悠游在草木葳蕤的荒野，模仿古人作仰观宇宙之宏大、俯察品类之繁盛的思邈，漫步于世外桃源的自在逍遥。

挺立在村庄四周的山峰，仿佛破空而来，它们是鹫峰山脉的延伸，紧紧地拥抱着太阳之下的村庄。两条溪流，从山间流出的金水溪、佛殿溪，情意绵绵地在村前绕过，像是阴溪和阳溪，阴阳互补，叙说着无尽的情话。水源永远不会枯竭。不舍昼夜地流淌。它们就像前洋人过日子一般细水长流，结果它们把涓涓细流流成了下游奔腾的鳌江。

想起余作铭烈士故居有刘禹锡诗句:清光门外一渠水,秋色墙头数点山。诗句高度概括了这栋古民居周围的诗情画意。水光和山影互为交错,日照和炊烟重叠纠缠。依着土墙,照着渠水,默数山峰,手不释卷,一边耕田,一边读书,那是一幅怎样的精神富足、安然恬静的生活图景?

那一夜,我们留宿在村委会招待所,借助满天星光,我们在前洋古村里进入了梦乡,一夜无话。

第2天, 我起了个大早,发现前洋的天亮比其他地方要提早至少半个小时。远处的秋野飘忽着朦胧的银雾,幽远深邃的天幕上悬挂着没有来得及沉落的月牙。一垄垄番薯,一坵坵田畴……一切都开始苏醒起来。泥土的潮气,野草、蔬菜、庄稼散发出的气味,汇聚成秋野独有的芬芳。

没多久,村里就有人影走动,炊烟也渐渐升上屋顶。这时,一轮通红的太阳从东山上冉冉升起,整个村庄又一次被金光笼罩。

(张良远)

寻味前洋　品一壶岁月酿就的老酒

前洋的底色是暗红的
寻味前洋
就仿佛品一壶
用传统技艺手法酿就的老酒
历经时光的沉淀
愈发的清香醉人
那一簇簇似火苗的红叶
点燃了秋的绚烂
点点滴滴散落在檐角道旁
焕发出生命的力量
彰显着成熟的风采
青山白云依旧
几度岁月芳华

流淌在村巷古道中
是曾经车马相接的喧哗
旧厝门前的古柜台
是否还残留着
大黄鱼的咸腥味
担回头挑走的

是往昔红红火火的生活

月牙池盛满的是月光吗

它辉映着门前的红灯笼

和厅堂上的红对联

清冷冷如一幅唯美的画卷

静谧的挂在天空

徜徉成我们的精神原乡

四角炮楼的窗眼

凝望着烽火三月的往事

而阁楼上的烛光

摇曳着革命的火种

封藏着红色的记忆

历经风雨的沧桑

绽放出烂漫的光彩

一壶老酒　留住时间的味道

一壶老酒　看醉你的模样

从宋时开始穿越

把飘香的历史斟进杯盏

碎落在巷口石拱桥

碎落在余家大院雕花窗棂

待来年花开的时候

把它一一叫醒

（彭云）

茶盐古道（阮以敏 摄）

前洋芋头面

"我初初见你,人群中独自美丽。"听懂了李宗盛的歌词。

当一个人原先知觉里的狭窄被打开,进入了一个开阔之地,那种振聋发聩的喜悦会经久长存。第一次吃到前洋的传统手工芋头面,我就有一种喜悦的感觉。后来又到前洋村,温故知新,再吃芋头面,又添深刻的留恋。

一行人走进古田卓洋乡的前洋村,正逢风和日丽的大好天气。虽是冬天,但阳光明媚,天蓝地澈,温暖如春。村庄静谧古朴,似乎特别适宜听老故事,比如将那些现存完好的明清及民国时期的传统建筑里发生的故事一个一个听来,像开启一扇又一扇的门,直达村庄心脏那一切悲欢离合,饮食起居。白发苍苍的村中长者,他们的每一条皱纹都写着阅历,让人尊敬。他们历经的生活烽火已悄悄淡化在村中那些被走平的石道上。但他们留下故事,他们的故事里有永远流传的精神。而这些精神,会是后人瞻仰、学习并继承创新的传统文化,比如传统饮食。

《礼记·礼运》言"饮食男女,人之大欲存焉。"饮食本是生存的基本需要。所谓搭伙过日子,吃喝也是第一要事。前洋村历史悠久，宋代就有人繁衍生息，明末清初，魏、李、余三姓相继入堂，村落格局基本形成。这个山环水抱的灵秀之地有着"前挂金牌，背依翠岫"、"五鲤游洋中，双龟把水口"、左蛤蟆、右神鸟等诸多景致。而那些古民居、古街、古井等最明显延续穿掇了生活的烟火味道，流传着风格明显的优秀传统小吃。其中前洋芋头面就是一绝。

起源于中国的面条，已有四千多年的制作食用历史。芋头面作为福建传统特色小吃，在古田大东路一带盛行，而前洋甚得其精髓。前洋芋头面先是家家户户年节庆贺和款待宾客的必备食品，可见珍贵；后已走入寻常日子，可见受人喜欢。而现在外地游客来前洋旅游，芋头面是当红的花旦，是如数的家珍，是温润爽滑的情丝。千条万缕，条条缕缕要往你心头钻的，混着浓稠的汁汤，留着缠绵的滚烫。带着传统的现代感，前洋的芋头面有着玉质的恬静温润，是在注目之中就将你深深吸引的。而你近坐，闻着香味款款，会垂涎欲滴。而你将它入口轻呡，不觉中已沉醉，欲罢不能，又极轻极柔，舍不得囫囵吞枣，狼吞虎咽。而且阳光穿过屋檐，落在人的身上，又珍珠般散落满地，又或者是雨滴流坠檐下，出声寻着归所。时光在这时这刻更加惬意温润起来，青砖和飞檐翘角也渗出迷人的古韵流光。

最初的最初，那一碗芋头面，应是洋溢着女主人寻求精致饮食的生活热爱。那是女主人试图疼爱家人，试图改善饮食，试图提高生活质量的巧手慧心创造出来的。否则，粗糙的芋头，粗糙的番薯，是变身不出这么精致的面条的。美好的想法实现为事实。可以想象，当她端出这热气腾腾、飘香可口的芋头面，她的心里有多么喜悦，而稚嫩的孩子会叫着"妈妈"而欢呼雀跃，还有为她骄傲的老公，欣慰的公婆，还有小姑小叔们的愉悦等等。一家人尽享着天伦之乐。生活总是因了你的热心而显得有趣丰富，进而有了那些可心的温暖和进步。第一碗芋头面产生了，融汇着家和亲人的温情，然后交相被效仿学习而传遍乡里乡外。

如何制作一碗芋头面，不难，也不简单。一碗芋头面要用到两样主材：淀粉和芋头。还需一样配材：高汤。

首先是如何将番薯制出淀粉。第一步先把番薯洗净，尽量将外面薄薄的那层红皮洗得磨损脱落，后面做出的淀粉会更洁白细腻。第二步将番薯粉碎，以前用番薯切，切成细条，现在可用粉碎机破碎。第三步将破碎的番薯渣浆加水，分离成红薯渣和浆水，现在可用离心分离机。第四步把浆水倒在木桶里澄清。第五步完全澄清后，放掉上面的清水，剩下沉淀后的红薯淀粉。然后要倒出，分成小块晒干，收藏备用。想做芋头面的时候随时取用。那些纯手工制作的环节，那些耐心，一丝不苟，让人肃然起敬。

然后做芋头面时就需选芋头了。制芋面，选芋头是关键，最好要选白芽芋头，因为它的黏性大，制出的芋面会更滑顺。先将选好的芋头洗净蒸熟。然后将蒸熟的芋头去皮趁热与番薯粉相混，用手揉压，使番薯粉和芋头充分均匀地混合在一起，至面团不粘手再分小块，揉成手握得住的团。汤锅开后，用"蕃薯切"（闽

东方言）架在锅上，推切着成圆条状，一根一根相继落入滚烫的锅中，边切边煮。

在前洋，用的是柴火灶，铁质大锅，连同番薯切，这"传统如意三宝"才悉心呵护出了正宗的前洋芋头面。煮面的汤也是很有讲究的，可以依据个人的喜好，加入牡蛎、芹菜、瘦肉、蛤蜊等佐料，有的人喜欢加点红糟或者乡下人家自酿的红酒，待芋面浮起成晶莹剔透状，就可以出锅了。滑滑的、热热的、浓浓的汤汁，十分入味，好吃。面条是温和而筋道的，混着葱花，好看。红酒和芋头混合，特别馨香可口，将面食的风味发展到极致。而那些制作过程中使用到的工具，就是一种历史的见证，因为资深的年月而有了意味的沉淀。

芋头是天然有机产自前洋这灵秀之地的，水是前洋清甜的山泉，这些无疑都为一碗前洋芋头面保证了品质的精致独特，相互浑然一体，并且是绝对的健康绿色食品。一碗芋头面里也有着理性与感性的精致融合。充饥是一种理性，而喜欢这制作的过程和品味的心境则是一种感性。这些都让人对芋头面的青睐经久不衰，而且蔓延至村外更加广阔的天地。很多人慕名前洋的村落古韵而来，也同时因着对前洋芋头面的传统美味向往而来。

下一步前洋将建立具有特色乡村旅游基地，开发乡村特色旅游项目。根据前洋村的乡土文化气息，在乡村田园风光景观和农耕文化景观突出的地方打造农耕体验园，让游客参与农作劳动，精心打造前洋村的"田园观光"和"做一天农人"的农家乐旅游观光项目。参与制作芋头面也是一个其乐融融的项目，会吸引更多的亲子游，会有更多的人络绎不绝来亲自体验。

前洋村各个时期建筑断代层次分明，尤其是明清时期的古民居、古道、沟渠布局整齐合理。家的味道浓郁。前洋村会以家的美丽带动乡村的美丽,将建设成为一个更宜居、宜业、宜游的美丽乡村。这其中一定不会少了前洋芋头面的功劳。

美食,不可辜负。一碗前洋芋头面,朴实的乡里乡味,将给你许多盼头。

(张炜玲)

(叶高进 摄)